U0737628

激发潜能，走向成功

JIFA QIANNENG
ZOUXIANG CHENGGONG

如果你想要别人接受自己，
你一定首先要接受自己，
这个世界上没有任何人比你更加在意自己。

孟令玮◎编著

中国言实出版社

图书在版 编目(CIP)数据

激发潜能，走向成功 / 孟令玮编著. -- 北京 ： 中国言实出版社，2017.1
ISBN 978-7-5171-2206-7

Ⅰ. ①激… Ⅱ. ①孟… Ⅲ. ①成功心理一通俗读物 Ⅳ. ①B848.4-49

中国版本图书馆CIP数据核字(2017)第008847号

责任编辑：宫媛媛
封面设计：浩　天

出版发行　中国言实出版社
地　址：北京市朝阳区北苑路180号加利大厦5号楼105室
邮　编：100101
编辑部：北京市海淀区北太平庄路甲1号
邮　编：100088
电　话：64924853（总编室）64924716（发行部）
网　址：www.zgyscbs.cn
E-mail：yanshicbs@126.com
经　销　新华书店
印　刷　三河市天润建兴印务有限公司
版　次　2017年1月第1版　2017年1月第1次印刷
规　格　787毫米×1092毫米　1/16　印张15
字　数　200千字
定　价　39.80元　ISBN 978-7-5171-2206-7

前 言

面对真实的自我，不是让我们回到从前，而是让我们在生活的道路上，认清自己、承认自己、悦纳自己、相信自己、造就自己。在主动中把握好自己的人生，而不是被心灵的消极因素左右自己的命运。我希望我们都能成为自己的主宰，因为，这是主宰世界的决定因素，是我们成功的决定因素。

世界是客观的，我们是主观的，因为主客观的相对性，我们只有面对真实的自己，查漏补缺，以最积极的姿态步入人生的舞台，才不会在危难时怯场，在得意时忘形。

面对真实的自我，需要勇气，也需要智慧，二者缺一不可。我希望我的读者能在此书中找到它们，并用它们剖析自己思想和心灵的阴暗处，在人生的最高境界放射自己最具魅力的光芒。

我们知道，自我管理就是指个体对自己本身，对自己的目标、

思想、心理和行为等表现进行的管理，自己把自己组织起来，自己管理自己，自己约束自己，自己激励自己，自己管理自己的事务，最终实现自我奋斗目标的一个过程。

与浩阔的宇宙相比，人是渺小的，如沧海一粟，如高山一石。但人绝不能是被动的，无所作为的，每个人都应是世界的主人。人正改变着世界，让世界以我们的意愿运转。人是能作用于世界的，同样世界也作用于人。这种作用与反作用的结果就体现出因与果的关系，也体现了自我管理在心理学中的重要性。

目 录

第一章　突破内心的自我限制

◎ 不要自我设限 …… 3

◎ 控制自己的情绪 …… 10

◎ 操之在我 …… 14

◎ 别为自我设限找借口 …… 21

◎ 挖掘潜意识中的宝藏 …… 30

◎ 集中精力做好每一件事 …… 34

◎ 解开缚束自己的枷锁 …… 37

◎ 马斯洛的自我要求实现 …… 40

第二章　检视最真实的自己

◎ 认识最真实的自己 …………………………………… 49

◎ 本我、自我、超我的关系 ……………………………… 53

◎ 皮格马利翁效应 …………………………………… 65

◎ 认识自我的能力 …………………………………… 68

◎ 了解自己 …………………………………………… 72

◎ 不断反省自己 ……………………………………… 76

◎ 不要迷失自己 ……………………………………… 78

◎ 学会释放自我的情感 ……………………………… 81

◎ 做独立完整的自我 ………………………………… 84

◎ 正确地评估自己 …………………………………… 89

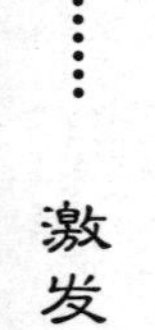

第三章　激发自身潜能

◎ 认清自己的特长 …………………………………… 95

◎ 点燃内心的明灯 …………………………………… 98

◎ 激发自身的潜能 ……………………………………103

◎ 潜能是人类最大的宝藏 ……………………………107

◎ 潜能是无穷无尽的 …………………………………112

◎ 开发自身的潜能 ……………………………………115

◎ 发挥自身潜能的力量 ………………………………120

◎ 潜能的激发往往产生于不起眼的事情 ……………123

◎ 实践激发潜能 ………………………………………128

◎ 下定决心去做 ………………………………………133

◎ 发展潜能，实现自我 ………………………………136

◎ 每个人都是幸运的 …………………………………139

第四章　性格决定未来

◎ 性格的形成 …… 149

◎ 幼稚型人格 …… 152

◎ 依赖型人格 …… 155

◎ 强迫型人格 …… 160

◎ 偏执型人格 …… 163

◎ 回避型人格 …… 169

◎ 暴君型人格 …… 177

◎ 懦弱型人格 …… 181

◎ 狭隘型人格 …… 186

◎ 边缘型人格 …… 189

◎ 分裂型人格 …… 194

◎ 攻击型人格 …… 200

◎ 表演型人格 …… 205

◎ 反社会型人格 …… 211

◎ 自恋型人格 …… 218

◎ 被动攻击型人格 …… 224

第一章 突破内心的自我限制

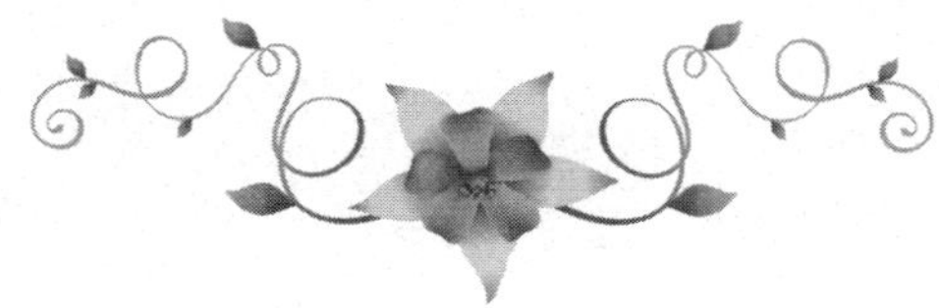

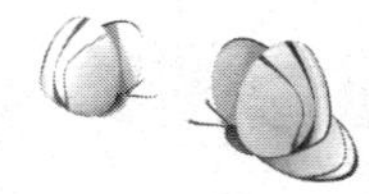

心理学是外部事物进入大脑的反映，经过大脑的分析而产生的。要想了解人的内心世界的奥秘，就需要学习心理学的有关知识。心理学并不遥远，它和我们的日常工作生活息息相关。在日常生活中，我们随时运用着心理学。在日常生活中各种令人费解的行为，都有其深层次的心理原因。概括来说，丰富多彩的内心世界反映了色彩斑斓的外部世界。

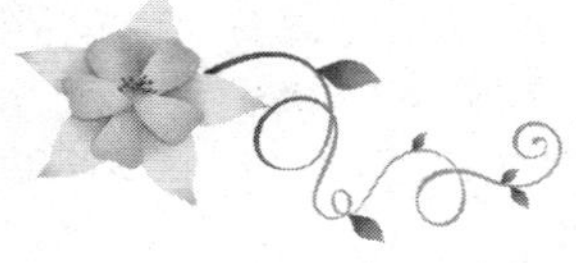

◎ 不要自我设限

有人曾经做过这样一个实验：他往一个玻璃杯里放进一只跳蚤，发现跳蚤立即轻易地跳了出来。再重复几遍，结果还是一样。根据测试，跳蚤跳的高度可达它身体的400倍左右。

接下来实验者再次把这只跳蚤放进杯子里，不过这次是立即在杯上加一个玻璃盖，“嘣”一声，跳蚤重重地撞在玻璃盖上。疼痛的跳蚤十分困惑，但是它并没有停下来，因为跳蚤的生活方式就是“跳”。经过一次次被撞，跳蚤开始变得聪明起来了，它开始根据盖子的高度来调整自己跳的高度。再过一阵儿以后，发现这只跳蚤再也没有撞击到这个盖子，而是在盖子下面自由地跳动。

一天后，实验者开始把这个盖子轻轻拿掉了，它还是在原来的这个高度继续地跳。三天以后，他发现这只跳蚤还在那里跳。一周以后，实验者发现这只可怜的跳蚤，还在这个玻璃杯里不停地跳着，但是它已经无法跳出这个玻璃杯了。

玻璃罩已经罩在跳蚤的潜意识里，罩在了跳蚤的心灵上，它行动的欲望和潜能被扼杀了。也就是说，生活环境使跳蚤迷失了自我，它不知道自己是善跳的跳蚤了。这是多么可怕的事实！科学家把这种现象叫作“自我设限”。

那么，什么是自我设限呢？自我设限是指个体针对可能到来的失

败威胁，事先协调障碍，为失败创造一个合理的借口，从而保护自我价值，维护自我形象。

其实，“跳蚤的人生”是很多人的一个缩影。在生活中，有许多人也像试验中的那些跳蚤一样，年轻时意气风发，屡屡去尝试成功，但是往往事与愿违，屡屡失败。几次失败以后，他们不是开始抱怨这个世界的不公平，就是怀疑自己的能力，甚至觉得自己一无是处，继而，他们再也不是千方百计地去追求成功，而是一再地降低成功的标准，即使原有的一切限制已取消，他们依旧会选择继续“堕落”的人生。就像刚才的“玻璃盖”虽然被取掉，但他们早已被撞怕了，或者已习惯不再跳出高于盖子的高度了，也不再跳上新的高度了。总之，很多人往往因为害怕失败，所以不愿意再去追求成功，而甘愿忍受失败者的生活。

难道跳蚤真的不能跳出这个杯子吗？绝对不是。只是它的心里面已经默认了这个杯子的高度是自己无法逾越的。当然，让这只跳蚤再次跳出这个玻璃杯的方法十分简单，只需拿一根小棒子突然重重地敲一下杯子，或者拿一盏酒精灯在杯底加热，当跳蚤热得受不了的时候，它就会跳出来。也就是说，需要给它们施加一些外力，它们才能走出自己的那个圈。

人有些时候也是这样。很多人不敢去追求成功，不是追求不到成功，而是因为他们的心里面也默认了一个“高度”，这个高度常常暗示自己的潜意识：成功是不可能的，这是没有办法做到的。心理“高度”是人无法取得成就的根本原因之一。

要不要跳？能不能跳过这个高度？能有多大的成功？这一切问题的答案，并不需要等到事实结果的出现，而只要看看一开始每个人对这些问题是如何思考的，那么答案自然就会出现了。

所以，我们千万不要自我设限。每天早晨醒来，我们就要大声地告诉自己：我是最棒的，我一定会成功！我们每个人都可能因为害怕做不到某些事情而画地自限，使无限的潜能只能化为有限的成就。你可能一直认为，一切都是命中注定的，现实的一切都不可超越。但是，你必须认识到，不管你持有此观点的时间多长，你都是错误的。因为没有什么绝对的命中注定，你完全可以通过改变自己的态度和习惯来改进自己的生活，实现你的目标。

许多人其实应该更为成功的，但是因为他们安于现状，所以使自己限于目前的成就而无法突破。人们常常在自己生活的周围筑起界限，要么就生活在某些局限里。这些局限有些是家人、朋友强加的，有些是自己强加的。他人给自己的局限非常明显，但是自己强加给自己的就难以察觉了。有时，自己认为自己反应迟钝，认为缺乏别人拥有的潜能和精力，认为自己一生只能庸庸碌碌等。这些都是自己给自己设定的限制，自己给自己套上的枷锁。

很多人可能都听过这个故事：有个农夫展出一个形同水瓶的南瓜，参观的人见了都啧啧称奇，追问是用什么方法种的。农夫解释说："当南瓜拇指般大小的时候，我便用水瓶罩着它，一旦它把瓶口的空间占满，便停止生长了。"

自我设限的人就如同那个南瓜一样，他们喜欢把自己关在心中的

樊笼里，就像水瓶罩住的南瓜一样，等于自己放弃了让自己成长的机会，那么自己没有什么大的突破和发展也就在情理之中了。

有一个人因为小时候得了小儿麻痹症，长大后双腿高低不平，走起路来一高一低的，头都不敢抬。因为自卑，他毕业以后一直都没有找到工作。但是一个偶然的机会，他读了一本书，书中说人们只是喜欢把自己关在早已形成的樊笼中，其实每个人都有很大的潜能，只是没有被挖掘出来而已，通过阅读那本书，他知道了如何打破心中的瓶颈，不再自我设限。最终，他克服了心理障碍，很快找到了工作，而且在短短半年的时间里，他做了一家大型集团驻某地办事处的经理，表现非常优秀，深得老板器重。

故事中的这个人之前因为自卑，认为自己身体上的残疾会影响自己的发展，因而认为自己以后一定会一事无成。就因为外在条件的不足让他自我设限，认为自己已经定型，无法改变了。但是之后，当他走出自我设置的障碍之后，成功地克服了自己的心理障碍，才有了现在的结果。

所以，我们不要把自己设定是何种人，我们要告诉自己，“我一向都是这样，那就是我的本性”，这种态度会加强你的惰性，阻碍你的成长。因为我们容易把“自我描述”当作自己不求改变的辩护理由；更重要的是，它能够帮助你固持一个荒谬的观念：如果做不好，就不要做。

一旦你认定了自我是什么样的人，你就会否认自我，对自己失去信心和勇气。我们要知道，当一个人必须去遵守标签上的自我定义

时，自我就不存在了。他们不去向这些借口及其背后的自毁性想法挑战，却只是接受它们，承认自己一直是如此，最终只能导致自毁。

一个人，描述自己比改变自己容易多了。无论什么时候你要逃避某些事情，或者掩饰人格上的缺陷，总可以用“我一直这样”来为自己辩解。事实上，这些定义用多了以后，经由心智进入潜意识，你也开始相信自己就是这样，到那时候，你似乎定了型，以后的日子好像注定就是这个样子了。无论何时，你一旦出现那些“逃避”的用语，应马上大声纠正自己——“那是以前的我”、“如果我努力，我就能改变”、“以前那是我的本性”。

所以，我们要将任何妨碍自己成长的“我怎样怎样”，均改为“我选择怎样怎样”。不要做一个困兽，要冲出自制的樊笼，做一个真正的自我，发挥自己的潜能，才会成为真正的自己。

只要自己想成功，就有成功的可能。

正如上面所说，自我设限杀死了人的潜在能力，让人失去了继续前进的动力和奋斗的勇气，而在结果到来之前，自己却浑然不知。这一切来得那么悄无声息，可是这件事是如何发生的呢？

看了下面这个故事，也许我们就会茅塞顿开。

有个青年人要参加舞会，但是他身上有个枷锁——“我害羞”，当然，这个害羞的根源来自于他的经历，可能会追溯到他小的时候。在这里，我们暂且不提他的过去，只把重点放在这次舞会上。他认为自己害羞，而且他越是担心，他的表现越是如此。现在，他看到旁边有一群人，又说又笑，好像挺有意思的，他心里会想：“如果可以跟

他们认识一下应该不错。”于是下一步，他打算上前去说话，“首先，我应该上前打个招呼。”这个时候，他那把害羞的枷锁让他突然意识到：“不，我不能！”然后他开始问自己：“为什么我不能？”他找到了答案：“哦，原来我是个害羞的人！”于是，他更加坚定了他是个害羞的人。最后，直到舞会结束，他也没有结识一个人。

这个典型的例子告诉我们，人一旦形成自我设限，将会让自己陷入一个恶性循环当中。更为可怕的是，在每个循环之中，我们不会感到一丝的奇怪。这就是为什么自我设限对人的负面影响是其他弱点所不及的！

另一方面，你平时可能没有注意过你的思考方式和对事物的预见性，于是习惯了给自己设个藩篱。你自我设限的原因不是不相信自己能成功，或是相信能完成某事，而是不觉得能又快又好地做到。

比如，你给自己定了一个目标是：一年赚10万元，其实经过努力你完全能赚20万元，结果由于你的自我限制，虽然你能达到自己的目标，但是你没有发挥出你的潜力，也就没能做得更好。

其实，在生活中，我们很多人都是自己在限制自己的能力，因为他们对自己不自信，低估自己的实力。但是实际上，这样做的结果还不如不去制定目标，因为这样的目标只会限制你的成功，根本没有任何积极意义可言。

在这方面，著名的安东尼·罗宾先生是怎样做的呢？

大家都知道，安东尼·罗宾在27岁的时候还只是一年赚2万美金的穷小子，为了改变这一点，于是他给自己提出更高的要求，要在28岁

那年赚25万美金。我们可以想象一下，对于一个年轻人来说，这是一个多么有难度的挑战？所有与其有关系的人，都为之捏了一把汗。那么结果是怎样的呢？第二年，他赚的数额远远超过了25万美金，整整赚了100万美金。

在这里，我列举安东尼·罗宾的例子，只是想告诉大家，人的潜力是无穷大的，你不要局限自己的潜力发挥，你不要怕制定更高标准的要求，因为你绝对可以做得更好。

总之，无论是生活中还是工作上，我们在做每件事情前，都不要给自己设定界限，以免让自己做事的时候蹑手蹑脚。而当我们给自己制定一个比较低的标准之后，虽然可以顺利完成，也会在心里感到满足，甚至为此沾沾自喜，但是这对我们的成长和进步来说，没有丝毫好处。

◎ 控制自己的情绪

什么是操之在我?

其实，所谓的操之在我，就是需要我们从多个角度去思考问题，主动寻找属于自己的东西。而不是用单一的思维去考虑把自己困在独木桥上。那些善于操之在我的人，他们不断激励自己使用积极的思维，使自己保持轻松、愉悦的心情和健康的心态。

有人曾做过这样一个有趣的比喻：人就像一台电脑，身体是电脑的显示器、主机、外部设备，思想就像电脑所安装的软件，然而我们可以选择是否安装这些软件，或者安装哪些，不安装哪些。换句话说，就是我们选择了怎样的心态、思想方法和思维方式，也就决定了我们会有怎样的人生。

在一个小餐馆里，有两个人进行了这样一段对话：

年轻人说：“唉，公司现在的情况我已经无能为力了。”

“我的公司也一样遇到了问题，可是我仍然在尝试着找其他的解决方法。”中年人说道。

“算了，我就是这样的一种人。”年轻人叹一口气说。

中年人看了看窗外，又对年轻人说道：“对于你的说法，我一点都不赞同。你应该像我一样，选择各种不同的作风。”

“可是你根本不知道，公司的那些股东使我怒不可遏，我受够了

他们。”

“看来我比你的情况好得多，我可以控制自己的情绪，即使股东们发再大的脾气，我一样快乐地工作着。”中年人说。

青年人抿一口杯里的咖啡，又对中年人说道：“你的股东、员工还能接受你吗？我想我的股东和员工都不会再接受我了，我让他们损失了太大的利益。”

“一开始，股东和员工对我都失去了信心，可是我想了许多有效的表达方式，尽量让他们再一次地相信我，现在我已经快走出这个困境了。”

“我没有解释的机会，我被迫离开会议室已经不是第一次了。”青年人无奈地说。

“这种情况一直没发生在我身上，对于他们的议论，我每一次都能给出恰当的回答。”

“算了，不说这些了，我现在只有一个最大的愿望，如果有机会，我会给股东和员工们补回所损失的利益。”

中年人无奈地笑了笑，然后对青年人说：“我已经有一个打算了，对于公司的损失很快就会有所弥补。”

从两人的对话里，我们可以看到，像这样给自己上了枷锁一样，在生活中最明显的表现就是随波逐流，与生俱来的成功火种早已熄灭。我要帮你重新点燃你的成功火种，也许你已经习惯于做事之前给自己画条线了，改掉自我设限可能还真不是件容易的事。看到了吗？不自觉间你又开始自我设限，这样就不能提高你的期望。

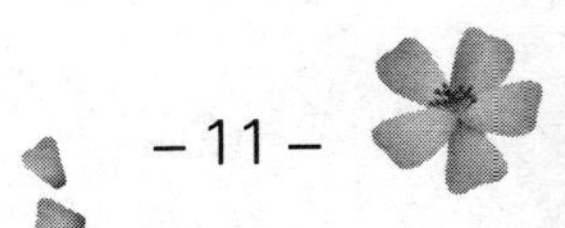

他们的对话让我产生了这样一种感触：每个人都有属于自己的生活方式。有人富有，有人贫穷；有人快乐，有人悲伤；有人积极，有人消极。其实，我们每个人都有权利选择属于自己的人生，关键只在于你是否主动争取。

由于你早已习惯自我设限，就像给每个坟墓早已安上墓碑一样，破除这种恶习的一个重要方法是不断给自己制定新高度。人生的远大目标，正如你在本书最开始所明确的那样，你想要什么，是由一个个小目标所实现的。当你已经具备了自我制定目标并完成的能力的时候，那么我们现在所要做的事，就是把这之前自我设限的那些低目标提高一些，每个小目标都提高一点点，人生将会提高一大块！

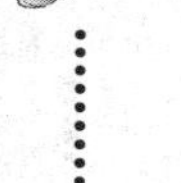

例如，碰到一项工作，现在的你觉得自己最快在三个小时完成。那么，我要求改为两个小时。在一个新的高度下，你就要集中精力释放自我潜力。当你在两个小时后完成工作时，你会重新认识自己，觉得原来所认为的三个小时的工作时间是错误的。你会为此感到振奋，如果经常能找到新高度，并且超越原来的界限，那么，就会极大地提高你以后的成功概率。

现在你可以做一件很重要的事，就是把原来的界限提高一个单位，经过自己的努力打破原来的界限，实现现在的目标。这样做的目的在于，当你的自信心达到一定的高度时，你根本不需要想任何界限，而是自动高效地实现长远目标。

通过上面的分析，我们可以很清楚地看出，“受制于人”和“主动争取”两种状态的区别，以及这两种状态所带来的不同结果。受制

于人者，他们被现在的环境所左右，在心里始终存放着消极的思想，很难有所突破；而那些操之在我的人，他们积极主动地追求自己应该获取的，这样的人更容易取得成功。

每天早上我们乘公交车上班，都有售票员在那里指挥大家往车里面走。一大部分人在售票员指挥的时候会老老实实地往里面走，即使是在挤不动的情况下，也会尽力挤一小块儿地方出来，这是一种好品格，同时也是一种受制于人的境况。

然而，那些操之在我的人，他们虽然也会往里面走，但是唯一不同的是，他们遇到挤不动的情况就会一动不动，无论售票员如何大叫都不为所动。

这两种人得到的是两种不同的结果：受制于人者只能获取狭小的空间，而操之在我的人得到了更大的空间，也省去了拥挤的麻烦。

在生活中，那些受制于人的人和主动争取的人相比较而言，后者所有的情绪都完全由自己控制，不被他人所左右。也只有这些主动争取、操之在我的人才能最大化地发挥自己的影响力，让自己放出更耀眼的光芒。换句话说，我们每个人都可以利用自我意识来检讨自身的观念，这同时也会对我们选择自己的人生产生一定的影响。

◎ 操之在我

你和我一样，我们心中都有梦，希望过着高品质的生活，拥有一个更加完美的人生，希望能改变这个社会，甚至可以给这个世界带来更多的精彩。然而你的自我限制让梦想就此缩水，再也提不起精神去渴望，更无法实现。

那么，从此刻开始，你就要突破自己设定的框架，激发内心的无穷潜力。只有这样，才能成为赢家。如果你想改变自己的生活，改变自己的人生，那么，你就要先改变自己的要求。你可以在纸上写下一切所不愿意接受的事情、一切所不愿再忍受的事情，以及一切所希望改变的事情。

如果你总是拖着沉重的枷锁生活，那你就等于每天都在扼杀自己的潜力和欲望！比如下面这个故事：

很多年以前，在美国纽约的街头，有一位卖气球的小商贩。每当他生意不好的时候，总要向天空中放飞几只气球。这样，就会引来很多玩耍的小朋友的围观。慢慢地，看的人多了，他的生意也就开始好起来了，很多人都开始兴高采烈地买他那色彩艳丽的氢气球。

一天，当他在纽约街头重复这个动作时，他发现，在一大群围观的白人小孩子中间，有一位黑人小孩，正在用疑惑的眼光望着天空。他在望什么呢？小贩顺着黑人小孩的目光望去。他发现，天空中一只

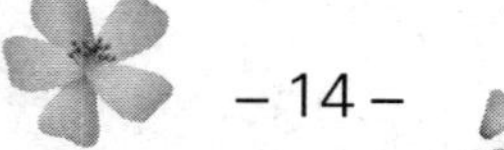

黑色的气球也在。他知道，黑色，在黑人小孩的心中，代表着肮脏、怯弱、卑劣和下贱。

精明的小贩很快就看出了这个黑人小孩的心思。他走向前去，用手轻轻地触摸着黑人小孩的头，微笑着说：“小伙子，黑色气球能不能飞上天，在于它心中有没有想飞的那一口气。如果这口气够足，那它一定能飞上天空！”

这是美国著名的心理医生基恩博士在演讲时所讲的故事。这个故事精彩极了，因为它让人们明白一个道理：气球能不能飞上天，关键在于气球里边有没有那口气，而不在于气球的颜色。如果你认为你飞不起来，那你肯定就飞不起来。但是如果你有足够的勇气和信心，你就可以飞起来。

而我在这里借着这个故事想告诉大家的是，别人都在拼命地想飞起来，谁又有时间跟你说：“嘿，你怎么不试试呢？”

也许你会想，不可能的，我都这么大年纪了，怎么能跑那么远；我学历那么低，公司怎么会雇佣我；我长得不够漂亮，他怎么会喜欢我？如果你真的曾这样想过，或者现在这种想法依然盘踞在你的心灵深处，那么，你跟懦夫有什么区别？

你知道吗？由于你的自我设限，导致身体内无穷的潜能力和欲望没有发挥出来。自我设限和其他人性的弱点一样，让你流入平庸之辈！

要知道，我们在做每一件事之前，自已的想法决定了你做事的态度，而我们做事的态度很大程度上影响着我们是否可以比较好地完成这件事情。

在你的心中，你是不是经常跟自己说这样的话：“噢，我不行”、“我性格内向”、“我害怕与人交往”、“我的工作能力不行”，等等。你的表现是什么样？在下列情景中找到你自己。

你经常对“有经验”的事情非常自信，而当你接受新的任务时，你感到一点害怕；你想追求一位女孩，但是你觉得自己的相貌配不上她；你对自己做饭的手艺实在没有信心，你常常跟别人说：“我天生就是不会做饭的人。”有一位好朋友邀请你一起去旅行，你跟自己说“我太老了”或“我的身体肯定会吃不消的”，然后拒绝朋友的好意，你也因此失去了一段快乐的旅行；老板让你做某些事，而你感到自己太老或太年轻，于是你感到力不从心；你一直想开办个企业，虽然你有一定的经验和技术，但是你觉得筹集资金对你来说太难了；你将参加一个鸡尾酒会，而且你可能会被客人的酒量所吓倒，那么你会在酒会前喝醉，并且要确保让所有的人都知道你喝醉了。这样做了以后，你就可以这么说：“如果我不是喝醉了，我可以与他们中酒量最好的人比试一下。”你经常为自己的相貌感到苦恼，最后你得出这样的结论：“我就是长得不漂亮。”在和爱人逛商场之前，你跟他说：“我觉得那个商场肯定不会买到好衣服，那里一向如此。”你现在很痛苦，因为你在事业上屡屡失败，你觉得你肯定不会有获得成功的那一天了，你会在心里对自己说：“我命中注定就是这样倒霉。”

每个人对自己的评价都源于他过去的经历。然而，我认为过去只不过是一堆灰烬而已。现在你可以重新审视一下自己，你在多大程度上受束于过去的自己，所有自我挫败都是因为使用了消极性言词的

结果，我想你会经常说“我就是这样”、“我总是这样”、“不知怎的，我就是控制不了自己”、“我天生就是这样的”……

这些消极的让人不思进取的“标签”时时刻刻束缚着你，就像套在你身上的枷锁。这就是为什么很多人能在短短时间内取得突飞猛进的成就，也是大多数人甘于碌碌无为生活的原因。请认真审视一下自己，你身上是否有这些自我否定的枷锁？

“我害羞。”

“我懒惰。”

“我胆子小。”

“我总是担忧。”

“我记性不好。”

“我不善于手工活。”

“我动不动就感到累。”

“我不善交际。”

“我太胖了。”

“我没有责任心。”

“我太粗心大意了。”

“我容易紧张。”

“我肯定做不来。”

“我总爱发火。”

“我不懂音乐。”

……

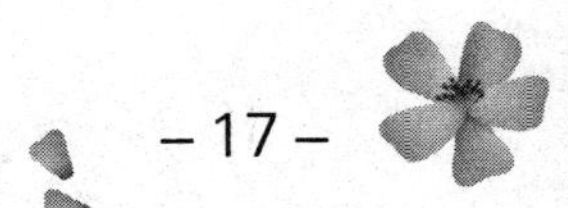

虽说这些话语就像枷锁一样会影响你，但是真正的问题不在于你给自己套上哪种枷锁，而在于你是否主动给自己设立了枷锁。你可知道，这些自我设限的枷锁对你的伤害是很大的。

有一次，我去中关村找一位朋友，在路过太平洋电子城时，一个年龄和我差不多的女孩向我走了过来。她挡在我的面前，用一口标准的普通话对我说："先生您好，我是纽曼直销公司的，我们的新产品刚刚上市，正在做活动，如果运气好，会有机会得到我们最新款的平板电脑一台。"由于我着急去见朋友，所以没有回答女孩的话，直接走了过去。女孩并没有放弃，她又追上我，并把手中的宣传单递给我一张，对我说："这是我们的宣传单和我的名片，希望您有兴趣，如果有需要，可以去我们的柜台购买。"

我接过女孩手中的宣传单就走了，刚好前面有一个垃圾桶，我也没有看上面的内容，直接把宣传单与名片一起丢了进去。刚走出去几步，女孩就追了上来，她用一种很奇怪的眼神看着我，然后对我说："对不起先生，我知道您在赶时间，也不会有时间到我们柜台去，所以希望你能把我的名片和宣传单还给我。"

对于女孩的这一举动，我一下呆住了，大约有半分钟的时间，然后不好意思地对她说："对不起，你的名片已经脏了，现在不适合还给你。"

"没关系的，脏了我也要。"女孩坚定地说道。

"可是，你的名片和宣传单已经让我丢进垃圾桶了，要不我付钱给你行吗？"我不好意思地说道。

女孩用一种很生气的口吻说道："那好，你给我一块钱。"

我没有说什么，从皮夹里拿了一元钱给女孩，可是她没有接，对我这样说道："我的名片和宣传单只值5毛钱，所以我应该再给你一份。但你要记住，不要当面随意地把他人的好意扔进垃圾桶，这样做很不礼貌。"女孩说完就走了。

几天后，我给朋友买了一台最新款的平板电脑，而这正是在那天那个女孩的柜台上买的。

我说这件亲身经历的事情，就是要告诉大家，受制于人者觉得自己已经看得见希望时，才会努力上进；操之在我者努力上进，创造了看得见的希望，并积极地从事手头的工作，创造了许多意想不到的机会。

也许有人会觉得，在现实生活中，我们会因为一些问题而使情绪发生变化，也会因此认为，个人的情绪表现是由某些不顺心的事所引起的，其实并不是如此。由于我们在成长的过程中已经形成了许多固定的思维模式，当遇到不如意的事情时，我们就会认为那是不好的事情，从而思考在未来的日子里，是不是一样会如此。

此外，还有一种可能，那就是，我们总在往坏的方面想，不去想那些积极的方面。所以，由于个人的看法、认识等内部因素对外部刺激形成的固定反应，才使得外部因素更多地决定了个人情绪。

其实，我们只要仔细地观察、研究，就会发现，我们所说的受制于人和操之在我，都是受我们自己的情绪所影响的。生活中，我们的情绪会受到许多因素的影响。这些影响又分为内部因素和外部因素，主要包括他人的看法、某一件突发事件、成功与失败、环境、天气情

况、身体状况，等等。

这些因素决定了我们情绪的变化和行为特征，其中个人的观点、看法和认识等内部因素，直接决定了我们的情绪表现，而个人成败、恶言恶语等外部因素，则通过影响内部因素而间接决定人的情绪表现。一句话，自我设限对人的影响是极大的，我们要学会操之在我。

操之在我，所提倡的是需要我们能够灵活地调整内部因素和外部因素，从而改变那些固定反应。希望我们都能秉持“脚踏实地，努力耕耘”的理念，投入极大的热情，开始双手打拼地付诸行动，最终快乐地享受自己通过劳动收获的甜美硕果。

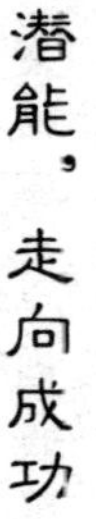

◎ 别为自我设限找借口

你把自我设限作为满足自己自信的一个借口，自我设限的表现就是这样，对事情的把握过于依赖你自己所积累的“经验”，其实，自我设限如同形影不离的杀手一样，当你想释放你的潜力的时候，它便出来大喝一声，让你退缩！每件事都不能发挥到极致，这样累积起来，你的成功概率会越来越小。别人花1年达到的水平，你却需要五年的时间才能实现。所以，对于你来说，自我设限不是提高成功率。相反，对你来说，它是一块顽石，阻碍你前进，不让你成功。

因为你的心里面默认了一个“高度”，这个高度常常暗示自己：成功是不可能的，是没有办法做到的。所以，你不敢去追求成功。对于一个人来说，“心理高度”是人无法取得伟大成就的原因之一。

如果上帝告诉你，你肯定能赚1000万元，那么你就不会给自己制定只赚100万元的目标。我们很多人就是因为不知道自己到底能实现多大的成功而为自己定低了目标，从而影响了自己的前进和所创造的价值。

换句话说，你有多大的野心，就可能有多大的成就。如果你没有野心，也就很难取得任何成就。我们应该明确一个道理：失败常常不是因为我们不具备这样的实力，而是在心理上默认了一个“不可跨越”的高度限制。

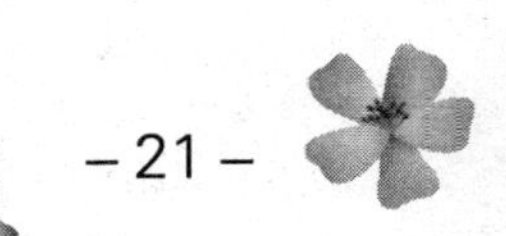

六年前，一位朋友南下求职，因为她有自己的专长和独特的才华，我觉得她完全可以独立负责一个部门的运行问题。

于是我给一家电信公司的余总工程师写了一封推荐信，然后让朋友约定时间面试。没想到她却说自己从来没有在这样大的电信公司做过主管，恐怕面试无法通过，或者做不好工作，影响我和朋友的面子，想要“退而求其次”。

接下来，她开始给几家用人单位寄去简历，但是足足等了半个月，都是石沉大海，毫无消息。接着，她又去找区级人才市场或者职业介绍所，见了几家用人单位，结果是“高不成、低不就”。

最后，她打电话给电信公司的总工程师，总工办秘书接过电话问道：“请问您找哪一位？”她回答说：“请找总工程师。”秘书说：“对不起，他正在开会，可以请您留下口信吗？”她又不好意思留口信。

一周后，我给她讲了我们前面讲过的那个“跳蚤的故事”，朋友很快领悟。第二天一上班，她就给余总打电话，又是秘书接的电话，但她直呼余总的名字，秘书不敢怠慢，很快接通电话……

现在，我这位朋友早已成为该公司的设计室主管。余总多次对我说：“我真该感谢你，你给我们公司介绍的这位同事诚实、能干、进步最快。”

其实，我们许多人也都跟我这位朋友之前的心理一样：因为在心理上默认了一个“不可跨越”的高度极限，而甘愿忍受失败者的生活。

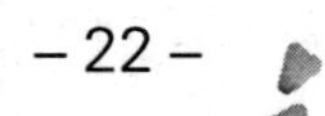

由于你害怕表现失常，从而导致不敢追求，最后获得惨败。周围的人将会对你的能力产生怀疑，你的自尊和自信将受到严重打击，你会更加依赖于经验。你做事情蹑手蹑脚，害怕失败，于是便在做每一件事之前都会自我设限，导致你的潜力始终都无法爆发出来。你只能像大多数人一样平庸地活着。

我要告诉你，在我开始步入社会的时候，我也害怕自己由于达不到目标而失败，但是每当想到人的一生多么短暂，我就不断激励自己，一定要在这样短暂的日子里，尽力做出最伟大的成就。希望你也能够这样来想，你就可以不用害怕失败，继而为自己的目标努力奋斗，直到实现的那一天。

对于人类所拥有的无限潜能，世界顶尖潜能大师安东尼·罗宾曾讲过这样几段小故事：

有一位名字叫梅尔龙的已被医生确定为残疾的美国人，他靠轮椅代步已12年。原来他也有一个健康的身体，但是19岁那年，他赴越南打仗，被流弹打伤了背部的下半截，被送回美国医治。经过治疗，他虽然逐渐康复，却没法行走了。

他整天坐轮椅，整个人也变得消沉了许多。他甚至觉得自己此生走到这里就已经完结。有时为了发泄心中的闷气，他就借酒消愁。

有一天，他从酒馆出来，照常坐轮椅回家，却碰上了三个劫匪，动手抢他的钱包。他拼命呐喊，拼命抵抗，没想到却触怒了这些劫匪，他们竟然放火烧他的轮椅。轮椅突然着火，一瞬间，梅尔龙似乎忘记了自己是残疾。他拼命逃走，竟然一口气跑完了一条街。

是的，梅尔龙站了起来。

事后，梅尔龙说："如果当时我不逃走，就必然被烧伤，甚至被烧死。我忘了一切，一跃而起，拼命逃跑，一直到停下脚步，才发觉自己能够走路。"现在，梅尔龙已身体康复，完全与常人一样随意走动，而且他还在奥马哈城找到一份工作，开始了正常人的生活。

第二个故事是这样的：

有两位年近70岁的老太太，其中一位认为到了这个年纪就算是走到了人生的尽头，于是便开始料理后事；另一位却认为，一个人能做什么事不在于年龄的大小，而在于有怎样的想法。

于是，第二位在她70岁高龄之际开始学习登山。在随后的25年里，她一直冒险攀登高山，其中几座还是世界上的名山。后来，她还以95岁高龄登上了日本的富士山，打破了攀登此山的最高年龄纪录。她就是著名的胡达·克鲁斯老太太。

某报纸曾刊登了这样一则消息：

有一位农夫，他在谷仓前面注视着一辆轻型卡车快速地开过他的土地。他14岁的儿子正开着这辆车，由于年纪还小，他还不够资格考驾驶执照，但是他对汽车很着迷，似乎已经能够操纵一辆车子。因此，农夫就准许他在农场里开这辆客货两用车，但是不准上外面的路。

但是突然间，农夫眼看着汽车翻到水沟里去，他大为惊慌，急忙跑到出事地点。他看到沟里有水，而他的儿子被压在车子下面，躺在那里，只有头的一部分露出水面。这位农夫并不高大，他只有170厘米高，70千克重。但是他毫不犹豫地跳进水沟，把双手伸到车下，把车

子抬了起来，足以让另一位跑来援助的工人把那失去知觉的孩子从下面拽出来。

很快，当地的医生就赶来了，仔细地给男孩检查了一遍，幸运的是，孩子只有一点皮肉伤需要治疗，其他毫无损伤。

这个时候，农夫自己开始觉得奇怪了，刚才他去抬车子的时候根本没有停下来想一想自己是不是抬得动。出于好奇，他打算再试一次，结果根本就动不了那辆车子。

医生说这是奇迹，农夫的身体机能对紧急状况产生反应时，肾上腺就大量分泌出激素，传到整个身体，产生出额外的能量。这就是他可提出来的唯一解释。

要分泌出那么多肾上腺激素，首先当然体内得产生那么多腺体。如果自身没有，任何危急都不足以使其分泌出来。由此可见，一个人通常都存有极大的潜在体力。这一类的事还告诉我们另一项更重要的事实，农夫在危急情况下产生一种超常的力量，不仅是肉体反应，它还涉及心智的精神的力量。当他看到自己的儿子可能要淹死的时候，他的心智反应是要去救儿子，一心只要把压着儿子的卡车抬起来，而再也没有其他的想法。可以说是精神上的肾上腺引发出潜在的力量。而如果情况需要更大的体力，心智状态就可以产生出更大的力量即潜能。

以上这几个故事都是关于人类巨大的潜能的真实例子。俗话说，狗急能够跳墙，人急能够爆发潜能，一点都不为过。对此，安东尼·罗宾指出，人在绝境或遇险的时候，往往会发挥出不寻常的能

力。人一旦意识到自己已经没有退路，就会产生一股“爆发力”（这个农夫抬起汽车就属于“爆发力”），这种爆发力即潜能。人的潜能是多方面的：体能、智能、宗教经验、情绪反应，等等。然而，由于情境上的限制，人只发挥了其1/10的潜能。

潜能是人类最大而又开发得最少的宝藏！无数事实和许多专家的研究成果告诉我们，每个人身上都有巨大的潜能，只是没有开发出来。美国学者詹姆斯根据其研究成果说：“普通人只开发了他蕴藏能力的1/10，与应当取得的成就相比较，我们不过是半醒着的。我们只利用了我们身心资源的很小很小的一部分。”

此外，科学家还发现，人类贮存在脑内的能力大得惊人，人平常只发挥了极小部分的大脑功能。要是人类能够发挥一大半的大脑功能，那么可以轻易地学会40种语言、背诵整本百科全书，拿12个博士学位。这种描述一点也不夸张，很符合科学研究的结果。

世界顶尖潜能大师安东尼·罗宾告诉我们，任何成功者都不是天生的，成功的根本原因是开发了人的无穷无尽的潜能。只要你抱着积极心态去开发你的潜能，你就会有用不完的能量，你的能力就会越用越强。相反，如果你抱着消极心态，不去开发自己的潜能，那你只有叹息命运不公，并且越消极越无能！每一个人的内部都有相当大的潜能。

我们都知道伟大的发明家爱迪生，他小的时候曾被学校教师认为愚笨，而失去了在正规学校受教育的机会。可是，他在母亲的帮助下，经过独特的心脑潜能的开发，成为世界上最著名的发明大王，一

生完成2000多种发明创造。他不但发明了电灯，给整个人类带来了光明，他还在留声机、电话、有声电影等许多项目上进行了开创性的发明，从根本上改善了人类生活的质量。这是人的潜能得到较好开发的一个典型。

爱迪生曾经说："如果我们做出所有我们能做的事情，我们毫无疑问地会使我们自己大吃一惊。"从这句话中，我们可以提出一个相当科学的问题："你一生有没有使自己惊奇过？"你有没有听过一只鹰自以为是鸡的寓言？

一天，一个喜欢冒险的男孩，爬到了父亲的养鸡场附近的一座山上，发现了一个鹰巢。他从巢里拿了一只鹰蛋，带回养鸡场，把鹰蛋和鸡蛋混在一起，让一只母鸡来孵。孵出来的小鸡群里有了一只小鹰。小鸡和小鹰一起长大，因而不知道自己除了是小鸡外还会是什么。起初，它很满足，过着和鸡一样的生活。但是，当它逐渐长大的时候，它的心里就有一种奇特不安的感觉。它不时地就会想："我一定不只是一只鸡！"只是它一直没有采取什么行动。

直到有一天，一只了不起的老鹰翱翔在养鸡场的上空，小鹰感觉到自己的双翼有一股奇特的新力量，感觉胸膛的心正猛烈地跳着。它抬头看着老鹰的时候，一种想法出现在心中："养鸡场不是我待的地方。我要飞上青天，栖息在山岩之上。"它从来没有飞过，但是它的内心里有着力量和天性。它展开了双翅，飞到一座矮山顶上。极为兴奋之下，它再飞到更高的山顶上，最后冲上了青天，到了高山的顶峰，它发现了伟大的自己。

当然，看到这个寓言的人可能会说：“那不过是个很好的寓言而已。我既非鸡，也非鹰。我只是一个人，而且是一个平凡的人。因此，我从来没有期望过自己能做出什么了不起的事来。”

或许这正是问题的所在——你从来没有期望过自己能够做出什么了不起的事来。这是实情，而且这是严重的事实，那就是我们只把自己钉在我们自我期望的范围以内。

但是人体内确实具有比表现出来的有更多的才气、更多的能力、更有效的机能。比如下面这个例子：

在战争期间，有一名海军水兵，他是一个脑筋清楚、思路条理分明的人，对此，他身边的人无一不感到惊奇，毫无疑问，他在危机中表现出来的能力也使他自己惊奇不已。

那是在“二战”期间，一艘美国驱逐舰停泊在某国的港湾，那天晚上万里无云，明月高照，一片宁静。一名士兵照例巡视全舰，突然停步站立不动，他看到一个乌黑的大东西在不远的水上浮动着。他惊骇地看出那是一枚触发水雷，可能是从一处雷区脱离出来的，正随着退潮慢慢向着舰身中央漂来。

他抓起舰内通讯电话机，通知了值日官。而值日官马上快步跑来。他们也很快地通知了舰长，并且发出全舰戒备讯号，全舰立时动员了起来。

官兵都愕然地注视着那枚慢慢漂近的水雷，大家都了解眼前的状况，灾难即将来临。军官立刻提出各种办法。他们该起锚走吗？不行，没有足够时间。发动引擎使水雷漂离开？不行，因为螺旋桨转动

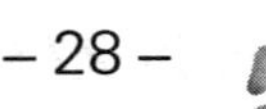

只会使水雷更快地漂向舰身。以枪炮引发水雷？也不行，因为那枚水雷太接近舰里面的弹药库。那么，该怎么办呢？放下一支小艇，用一支长杆把水雷携走？这也不行。因为那是一枚触发水雷，同时也没有时间去拆下水雷的雷管。悲剧似乎是没有办法避免了。

突然，一名水兵想出了比所有军官所能想的更好的办法。“把消防水管拿来。”他大喊着。大家立刻明白这个办法有道理。他们向艇和水雷之间的海面喷水，制造一条水流，把水雷带向远方，然后再用舰炮引炸了水雷。

这位水兵真是了不起。你可以说他不平凡，因为他真的做了一件让人觉得很惊讶的事情，但是事实是，他确实就是个凡人，只不过他具有在危机状况下冷静而正确思考的能力。

其实，我们每一个人的身体内部都有这种天赋的能力，也就是说，我们每一个人都有创造的潜能。

所以，不论我们在生活和工作中会遇到什么样的困难或危机，我们都要坚信自己可以应对。只要你认为你行，你就能够处理和解决这些困难或危机。一句话，只要你对自己的能力抱着肯定的态度和想法，就一定能发挥出你的潜能，继而产生有效的行动，创造出属于你的成就和价值。

◎ 挖掘潜意识中的宝藏

弗洛伊德在人们的潜意识心理现象中，发现人都有一种排斥新思想的惰性。因为人类都有逃避痛苦的本能，一种伟大的新思想使人类的幻想破灭，点出人类过去的错误，揭穿掩盖的真相，人类便会逃避新思想以维持现存生活的安宁。这种保守的思维惰性源于潜意识，且根深蒂固。

那么，什么是潜意识呢？

心理学家西格蒙德·弗洛伊德在其《精神分析学》理论中首先提出，潜意识是指潜藏在我们一般意识底下的一股神秘力量，是相对于“意识”的一种思想，又称“右脑意识”、“宇宙意识”。潜意识，也就是人类原本具备却忘了使用的能力，这种能力我们称为“潜力”，也就是存在但却未被开发与利用的能力。潜能的动力深藏在我们的深层意识当中，也就是我们的潜意识。

在现实世界，这项说法固然难以想象，但在潜在的世界则可能存在。每一个人都具备潜意识，只是过去并没有这种体验。

有人也许不知道，潜意识的发现始自催眠术。现代催眠术的原始形态是奥地利维也纳的医师梅斯梅尔所创立。但是第一次提出人类具有潜在意识学说的人是西格蒙德·弗洛伊德。

弗洛伊德所谈的潜意识，是一种与理性相对立存在的本能，是人

类固有的一种动力。他认为，人类有一种本能，也就是追求满足的、享受的、幸福的生活潜意识。这种潜意识虽然看不见、摸不着，却一直在不知不觉中控制着人类的言语行动。在适当的条件下，这种潜意识可以升华为人类文明的原始动力。

根据维也纳大学康士坦丁博士估算，人类的脑神经细胞数量约有1500亿个，脑神经细胞受到外部的刺激，会长出芽，再长成枝，也就是人们所说的神经元，它与其他脑细胞结合并相互联络，促使联络网发达，于是开启了信息电路。然而，人类有95%以上的神经元处于未使用状态，这些沉睡的神经元如果能够被唤醒，几乎人人都可以变成“超人”。

如果将人类的整个意识比喻成一座冰山的话，那么浮出水面的部分就是属于显意识的范围，约占意识的5%。换句话说，95%隐藏在冰山底下的意识就是属于潜意识的力量。

当然，这仅仅是理论值，就目前只用到很少的脑细胞的大脑，其耗氧量已经占到全身耗氧量的1/4。所以，是不可能全部使用的。即使是爱因斯坦、爱迪生等天才人物，一生中也只不过运用了他们潜意识力量的2%。

因此，对于任何人来说，不论你聪明才智是高是低，也不论你成功背景是好是坏，也不论你的愿望多么高不可攀，你只要懂得善用这股潜在的能力，它就一定可以将你的愿望具体地在你的生活中实现出来。

潜意识如同一部万能的机器，任何愿望都可以办得到，但需要有

人来驾驭它，而这个人就是你自己。只要你有心控制，只让好的印象或暗示进入潜意识就可以了。

潜意识大师摩菲博士说过：“只要我们不断地用充满希望与期待的话来与潜意识交谈，潜意识就会让你的生活状况变得更明朗，让你的希望和期待实现。”

我们常说人定胜天，只要你不去想负面的事情，而选择有积极性、正面性、建设性的事情，你就可以左右你自己的命运。

潜意识有直接支配人行为的功能。比如，支配人的一些习惯性动作、行为，等等，其实有一些人们自己也没有意识到的行为，也是潜意识在支配。

在生活中，有一些人遇到难题，马上想到“挑战”、“想办法解决”，行动几乎同时跟上，觉得可以应对得了。但是，也有另外一些人在遇到难题的时候，自觉地、甚至不加思考地就后退，不仅在内心想到自己会失败，而且也在行动上开始退却。这两种不同的心理暗示和行为其实都是过去不同经验的潜意识在起作用。

潜意识具有自动解决问题的思维功能，当我们苦思冥想某一难题，一时得不到解决时，我们可能会暂时停下来做别的事。结果突然有一天，我们突然找到了问题答案的线索，甚至完整的答案都从头脑中跳了出来，你惊喜万分。原来这便是潜意识在自动替你解决问题。这就是我们常说的所谓的“灵感”，也就是潜意识的自动思考功能。潜意识的快速习惯反应，便可以形成超感和直觉功能。

据说，有些印第安土著人能从马蹄印迹中判断马走了多远，这种

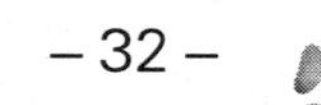

超感和直觉，实际上是长期与马、马蹄痕迹打交道形成的经验潜意识的习惯性反映。当然，母亲对婴儿的某些直觉，也是长时间和婴儿生活在一起的习惯潜意识的直接反映。

我们不仅可以在闻名遐迩的伟人身上看到从潜意识到创造性思维，我们也可以从凡人小事，在生活中的每时每刻，发现有创造性思维的火花绽放。人的潜意识能够让你释放出难以置信的神奇潜能，这也是大多数人要寻找的结局和终端。

只要你敞开心胸，祷告、祈求并接受，潜意识就会让你获得新的感受、新的想法、新的发现，让你去创造全新的生活。它所赋予我们和向我们展示的一切都是生命的真实内涵，在生活中不断地逼迫自己去思考、学习，在努力学习中寻找自己的快乐的潜意识，从而改变自己的想法和观念。使用意识进行思维，你的习惯性思维就会渗入你的潜意识层，这里有创造一切的原动力，那就是信念。

如果人们能学会怎样感悟和释放潜意识中的潜能，去发现自己的优点，那么，生活就会变得更加美好、幸福。获得这种力量并不需要我们付出超乎寻常的努力，因为很多潜力就隐藏在我们心灵的深处。它可以点燃我们内在的能量，让我们充满活力，使我们最终顺利地实现自己的愿望，收获更多的成功和快乐。

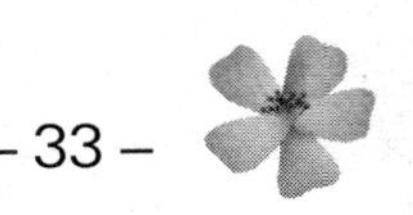

◎ 集中精力做好每一件事

在做事情时，你必须知道一点，当有一个欲望出现的时候，你应该将80%的力气放在行动上，而不是凭空去想：“我能不能成功”、“我以前真的没有经验”。要知道，要想得到就必须做到，而不是靠想象。那些想法是自我设限的一种表现，只会直接左右你的行动，让你无法成功。

喜欢自我设限的人最喜欢说的一句话就是“不可能”，在做事情之前，你告诉自己“不可能完成”，结果是你便真的没有完成，于是你更加相信自己一开始给自己设定的高度。所以，从现在开始，你不要在做每件事情前面说“不可能”，大胆去做。即使你失败了，也应该觉得自己努力了并不遗憾，你比那些不敢去尝试和努力的人要强多了！

在我国古代有这样一个故事：

楚国有位钓鱼高手，名叫詹何，他钓鱼的方法非常与众不同。钓鱼线只是一根单股的蚕丝绳，钓鱼钩是用如芒的细针弯曲而成的，而钓鱼竿则是楚地出产的一种细竹。但是，就凭着这一套钓具，再用破成两半的小米粒作钓饵，用不了多长时间，詹何就能从湍急的百丈深渊激流之中钓出满车的鱼。这时我们再回头去看他的钓具：钓鱼线没有断，钓鱼钩也没有直，甚至连很细的钓鱼竿也没有弯！

楚王听说了詹何竟有如此高超的钓技后，感到十分称奇，便派人

将他召进宫来，询问其垂钓的诀窍。

詹何答道："我听已经去世的父亲说过，楚国过去有个射鸟能手，名叫蒲且子，他只需用拉力很小的弱弓，将系有细绳的箭矢顺着风势射出去，一箭就能射中两只在高空翱翔的黄鹂鸟。父亲说，这是由于他用心专一、用力均匀的结果。于是，我就学着用他的办法来钓鱼，花了整整五年的时间，自始至终全身心地投入，只关心钓鱼这一件事，其他什么都不想，全神贯注，排除杂念，在抛出钓鱼线、沉下钓鱼钩时，做到手上的用力不轻不重，丝毫不受外界环境的干扰，这样，鱼儿见到我鱼钓上的钩饵，便以为是水中的沉渣和泡沫，于是毫不犹豫地吞下去。因此，我在钓鱼时就能做到以弱制强、以轻取重，也就能很轻松地在短时间内钓到很多鱼。

这个故事告诉我们一个成功的秘诀：将力用在一个方向上。

成功不在于做得多，而在于做得精。而要想做得精，做得好，那就必须全力以赴做一件事情。在美国，曾经有过这样一位商业奇才。他大学毕业后就开始做生意，而且几乎从没有亏本过。拥有了这样傲人的成绩之后，使他对自己的能力越来越自信。后来，他开始涉足多个行业，如股票投资、房地产投资、广告，甚至他还意气风发地对文化事业进行投资。但是，正在他向多方面进军的时候，他开始接二连三地收到投资失败的消息，资本亏损很大。等他冷静下来仔细思考的时候，他才发现自己失败的原因——创业目标太散。目标太多，仅凭自己的精力根本无法顾及所有的行业。于是，他抛开以前的得意忘形，认认真真地做起自己最拿手的行业。没过几年，人们又看见以前

那个叱咤风云的商业奇才了。

因此，我们说，一个人的精力总是有限的，如果他想在各个领域都取得成功，几乎是不可能的。目标太多，力量分散，只能一事无成。我们只有抓住关键问题，集中用力，才能取得好的成绩。

过分思考的结果必然会引起你的自信心下降，目标降低，心态消极，影响你做事的准确性和效率。为什么优秀的射击运动员总是会取得好的成绩？因为他们一直都是这样做的：他们在瞄准靶心的时候，身体所有的焦点都放在远处的靶心上，这个时候他们的心如止水，从来不想会不会失败，会不会打偏，会不会被对手赶超，一旦心有所想，必然导致脱靶。

也就是说，我们在做事情的时候，一定要注意集中精力，一旦有所分散就容易远离目标。给自己设定一个比较高的目标，就要集中所有的精力去做。此外，在做任何事情之前，我们都应该恰当地做一个充分的规划。这个规划不需要设定任何限制，只要想象一个美好的远景就可以。因为任何远大的目标都需要细致和精准的计划支持。

◎ 解开缚束自己的枷锁

自我设限让你在生活的各个层面都上了一把枷锁，就连最基本的衣食住行，你都不放过，也给自己划了个圈，圈住自己，让自己失去了自由的方向。如果你一直这样生活下去，那么你将与“坐井观天”的青蛙没什么区别了。其实，在自我限制的怪圈里，你就是一个活在井里的人，你的四周都是阻挡你的墙壁。

现在，你应该打破这层墙壁突破出去，你不知道往外走一步，世界将会给你一个大惊喜。其实很多时候，突破自我设限，就是突破自我极限，但是这对一个已经习惯被自我限制的人来说太难了，不是吗?

事实上，很多成功的人，他们的一生都在不断地突破自我极限，他们突破的速度很快，于是只用了一生之中很短的一段时间就达到了其他人所不能达到的高度，享受了别人所不能享受的生活。

因此，请别再给自己套上枷锁，对你人生的成功之路来说，突破极限是至关重要的一环。

超越自我是对自身能力或素质的突破，这不仅仅是心理潜能的激发，更多的是人性的完善、境界的提高和智慧的凝结。

人在改造自然、构筑社会的过程中，会逐渐形成一些规范、感觉和认识，这些经验和教训的结果，有利于个体适应环境并且与环境互动协调。但是由于人的认识层次不够，获取的信息（或联系的刺激

在人脑中的反应）不足，往往会变得片面，当然，这是谁都不能避免的。然而，片面所带来的规范异化、认识异化（成见）或本能的误导，对人适应环境是不利的，甚至成为人存在和发展的障碍。而突破就是针对异化和误导而来。

比如羞怯，这是人的自我收敛、自我保护意识的体现，是积极的，有利于维系人与人之间的关系。但是，过分的羞怯，或已经成形的不分场合、不合时宜的羞怯，却常常成为人前进或地位、关系拓展的障碍。所以，我们必须想办法克服羞怯。

克服自身的弱点，这本身就是一种超越自我的表现。但是，在相当多的时候，这种超越更倾向于人格的塑造。因为，大多数情况下，超越自我一般都要通过自我调节才能顺利实现，特别是心态的调节。

有时候，自我超越和自我调节并不能很严格地区分。自我调节可以看作是短期的行为，以暂时应对心灵的失衡与变化。自我超越的效应则更倾向于长期，那不仅仅依靠心理调适，还融合了充分的知识、条件，是心态更好，是水平、境界、资源和能力更高。

可以说，自我超越少不了自我调节，因为个体需要磨合，不断调整、不断感觉，与自然和社会相应。但是自我调节未必能够促成自我超越，因为自我超越要复杂得多，那往往以自我突破为表现，再上一个台阶。

超越自我需要人积极不懈的努力。据研究发现，在超越自我的过程中，人的坚持和积累比素质和技巧都重要得多。水滴石穿的道理是通用的。

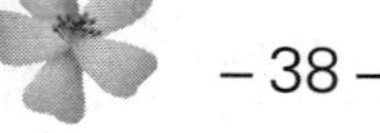

也许这个世界上真的有天才存在，但是不是天才的人的效率也可以通过学习改善；对于同一件事，效率高能进展快，但如果坚持和积累不够，离成功也许就只是一步之遥。对于我们大多数人而言，智力和能力上的差距并不是很大，知识和技巧的积累也差不多，所以，自我超越的重点更应该倾向于坚持和积累。只有下定决心，坚持到底，解开束缚自己的那套枷锁，我们就可以迎来属于自己的成功。

◎ 马斯洛的自我要求实现

亚伯拉罕·哈洛德·马斯洛（Abraham Harold Maslow，1908–1970）于1908年4月1日在美国纽约市布鲁克林区的一个犹太家庭出生。

他是美国著名哲学家、社会心理学家、人格理论家和比较心理学家，人本主义心理学的主要发起者和理论家，心理学第三势力的领导人。

1926年入康奈尔大学，三年后转至威斯康辛大学攻读心理学，在著名心理学家哈洛的指导下，1934年获得博士学位。之后，留校任教。1935年在哥伦比亚大学任桑代克学习心理研究工作助理。1937年任纽约布鲁克林学院副教授。1951年被聘为布兰戴斯大学心理学教授兼系主任。1967年任美国人格与社会心理学会主席和美国心理学会主席。1969年离开布兰戴斯大学，成为加利福尼亚劳格林慈善基金会第一任常驻评议员。1970年6月8日因心力衰竭逝世。

1970年8月国际人本主义心理学会成立，并在荷兰首都阿姆斯特丹举行首届国际人本主义心理学会议。1971年，美国心理学会设置人本主义心理学专业委员会。这两件事标志了人本主义心理学思想获得美国及国际心理学界的正式承认。遗憾的是，马斯洛本人未能亲眼看到他多年为此项事业鞠躬尽瘁所获得的成果。

著名哲学家尼采有一句警世格言——成为你自己！马斯洛在自己漫长的生命历程中，不仅将毕生精力致力于此，更以独特的人格魅力

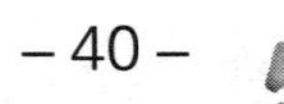

证明了这一思想，成功地树立了一个具有开创性的形象。

《纽约时报》评论说："马斯洛心理学是人类了解自己过程中的一块里程碑。"还有人这样评价他："正是由于马斯洛的存在，做人才被看成是一件有希望的好事情。在这个纷乱动荡的世界里，他看到了光明与前途，他把这一切与我们一起分享。"

的确，弗洛伊德为我们提供了心理学病态的一半，而马斯洛则将健康的那一半补充完整。

按马斯洛的理论，个体成长发展的内在力量是动机。而动机是由多种不同性质的需要所组成，各种需要之间，有先后顺序与高低层次之分；每一层次的需要与满足，将决定个体人格发展的境界或程度。

马斯洛认为，人类的需要是分层次的，由低到高。它们是：生理需求、安全需求、社会需求、尊重需求、自我实现需求。

第一层：生理需求

生理上的需要是人们最原始、最基本的需要，如吃饭、穿衣、住宅、医疗，等等。若不满足，则有生命危险。这就是说，它是最强烈的不可避免的最底层需要，也是推动人们行动的强大动力。

第二层：安全需求

安全的需要要求劳动安全、职业安全、生活稳定，希望免于灾难、希望未来有保障等。安全需要比生理需要较高一级，当生理需要得到满足以后就要保障这种需要。每一个在现实中生活的人，都会产生安全感的欲望、自由的欲望、防御的实力的欲望。

第三层：社会需求

社交的需要也叫归属与爱的需要，是指个人渴望得到家庭、团体、朋友、同事的关怀、爱护、理解，是对友情、信任、温暖、爱情的需要。社交的需要比生理和安全需要更细微、更难捉摸。它与个人性格、经历、生活区域、民族、生活习惯、宗教信仰等都有关系，这种需要是难以察悟，无法度量的。

第四层：尊重需求

尊重的需要可分为自尊、他尊和权力欲三类，包括自我尊重、自我评价以及尊重别人。尊重的需要很少能够得到完全的满足，但基本上的满足就可产生推动力。

第五层：自我实现需求

自我实现的需要是最高等级的需要。满足这种需要就要求完成与自己能力相称的工作，最充分地发挥自己的潜在能力，成为所期望的人物。这是一种创造的需要。有自我实现需要的人，似乎在竭尽所能，使自己趋于完美。自我实现意味着充分地、活跃地、忘我地、集中全力、全神贯注地体验生活。

马斯洛的需要等级最高的是自我需求，也就是自我实现的特色是最高的需求层次。在马斯洛看来，自我实现者都是一些心灵健康的人。

孟子曾说：“大人者，不失其赤子之心也。”也就是说，一个真正伟大的人物，不会失去如孩童一般纯真的心，因此他们能够用灰谐、亲切、和善的态度，对待周遭的人、事、物。相反，让人有距离

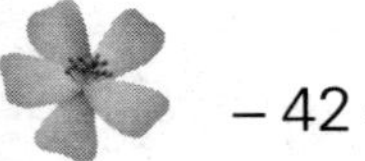

感的大人物，多半是有些问题的。

换言之，当一个开始有了“我现在是一个重要的人”这种念头时，就已经超出了自我肯定的程度，而变成一种傲慢。

那么，自我实现者都具有哪些特点呢？

1.准确地认识现实

自我实现者能够采用客观的态度去认识自己、认识他人、认识周围世界，因而他们不带任何主观偏见去看待现实，能够按照事物的本来面目来认识，更能发现事实的真相。这是由于自我实现者的认识主要受成长动机所驱动，这就是存在认知，简称B—认知，而不是受缺失动力所驱动，即缺失认知，简称D—认知。当我们缺少某种东西时，我们的认知活动就定向于这种东西，而难以顾及其他事物，因而不能客观地和全面地把握周围世界。相反，自我实现者主要是受求知、自我实现等存在需要所驱动，因而能够客观地把握现实，不受主观需要的干扰。

2.具有超然于世的品质和独处的需要

自我实现者是自我决定、自我负责的个体，他们不依赖他人，不害怕孤独，常常主动追求独处的环境。

3.有较强的自主性和独处性，超越环境和文化的束缚

自我实现者更多地受成长动机驱动，而非受匮乏动机所驱动，因而能够摆脱对外界环境和他人的依赖，独立自主地选择自己的目标，并实现自己的目标。

4.具有永不衰退的欣赏力

自我实现者具有奇妙和反复欣赏的能力。在他们眼里，每一次朝阳都是那么灿烂，每一个婴儿都是那么令人惊奇，每一朵花都是那么美丽馥郁。他们带着好奇、敬畏、喜悦和天真无邪的心理去欣赏和体验对他们来说是陈旧的东西和例行公事的日常生活。

5.宽容和悦纳自己、他人和周围世界

自我实现者能够承认和接受任何事物都具有积极与消极两个方面的事实，他们不否认任何人和任何事物的消极面，因为对此有较大的宽容性。他们知道自己的长处，也承认自己的不足，因而能够悦纳自己。

6.自发性、单纯性和自然性

自我实现者坦率、自然，倾向于真实地表达自己的思想和感情，行为具有自发性。他们有什么想法，就讲什么；他们有什么感情，就表达什么；他们想做什么，就做什么。他们不娇柔造作，完全按照自己的本性行事。

7.以问题为中心，而不是以自我为中心

自我实现者不以自我为中心，而以问题为中心。他们一般不会关注个人，而以工作、事业为重，能够全力以赴解决问题，实现自己的目标。对他们来说，工作不是为了金钱、名誉和权力，而是工作本身就是享受，能够发挥自己的潜能。

8.经常能够产生神秘体验或高峰体验

自我实现者通常都是经历过强烈的神秘体验，一种狂喜、惊奇、敬畏以及失去时空的情绪体验，马斯洛称之为高峰体验。这种体验并不是自我实现者所独有的，所有人都有享受高峰体验的潜能，但是只有自我实现者才能经历更高频率、强度更大的、更充分的高峰体验。

9.对人类的认同、同情与关爱

自我实现者对所有人都有强烈的而深刻的认同感、同情心和慈爱心。他们的关爱不仅仅局限于自己的亲戚朋友，而是包括了不同种族、不同文化、不同社会阶层的所有人。

10.具有哲理的和完善的幽默感

自我实现者具有很强的幽默感，他们常常会开一些有哲理的玩笑，但不愿意开一些庸俗和伤害他人的玩笑。他们可以取笑自己，甚至取笑人类的愚蠢。

11.富于创造性

自我实现者的一个突出的特点就是具有很强的创造性。他们的创造性与儿童天真的、异想天开的创造潜力一脉相承。我们一般人在社会适应过程中逐渐丧失了这种与生俱来的潜力，而自我实现者却能够保持开放、新鲜、纯粹和直率的眼光来看待生活和世界，因而能够破除陈规，使自己在生活、工作各个方面显示出创意和独特性。

12.具有抵制和批判现存社会文化的精神

自我实现者不墨守成规、不随波逐流，他们自主独立，能够抵制

和批判现存的不合理和不完善的社会文化，突破这些社会文化的限制与保卫，其思想和行为遵循自己内心的价值与规范。

13.具有深厚的个人友谊

自我实现者比一般人具有更融洽、更崇高和更深厚的朋友关系。由于交往需要占有时间，他们的朋友圈子比较小，更倾向于寻找其他自我实现者作为亲密朋友。由于以共同的价值观和人格特征作基础，他们的朋友虽然不多，但感情上却非常深厚。

14.具有强烈的民主精神

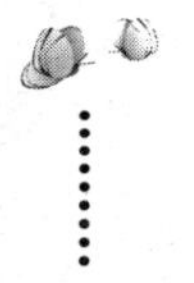

自我实现者具有民主思想和民主的行为风格，他们尊重一切人，不管他们的种族、地位、宗教、阶级和教育的不同，他们能平等待人，极少偏见，尊重别人的意见，随时倾听别人的说话，虚心向别人学习。

15.具有强烈的道德感

自我实现者有明确的道德观念，能够明辨是非，遵循自己认可的内在道德标准，只做自己认为正确的事情。

第二章 检视最真实的自己

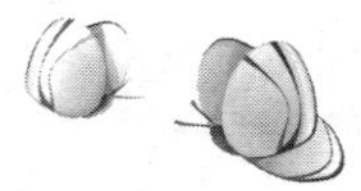

莎士比亚说过："善于领悟人生的人，懂得如何思考和行动，能够从碎屑的事物中发现闪光的契机！"而心理学对我们生活的最大作用是，它可以帮我们领悟人生，更好地驾驭人生。

◎ 认识最真实的自己

对人而言，自我是非常重要的核心概念。人的一生无论是主动或被动、清醒或模糊，都是在自我实现的过程之中。有些人自我实现得不太理想，这是因为他们不了解自己具备哪一方面的潜能，或者是对自我的认识有所偏差，所以，我们需要从心理的角度来审视自我，发现真正的自我。

认识了真实的自己，从客观角度出发定义自己，所设立的目标也就越接近自己的能力。你拥有了别人无法拥有的东西，就要下定决心做好自己，这样才能活出真实的自我，减少不必要的心理负担。

即使在感觉最有压力的日子里，也有无数的毫无压力之事。事实上，不幸的时刻在数量上相对来讲是极少的，问题是我们无法摆脱它们，只是任凭它们占扰我们的思想和情感，已经到了失掉机会享受更美好时光的程度了——美好的时光可以迅速使人振奋、使人轻松、使人在遭到下一个压力时有能力投入战斗。从一种体验完全转向另一种体验，去欣赏活着的每一时刻。

有这样一个故事，两个和尚同行前往另一座寺庙，他们是师徒二人。途中遇到一条河，河水浑浊，咆哮不止。河边站着一位姑娘，害怕被汹涌的河水卷走，正望河兴叹，不敢迈足。师傅一语未发，径直走到姑娘身边，弯腰抱起她，扛在肩上，涉水过了河。放下姑娘后，

与她道别，然后继续赶路。徒弟很奇怪，按捺不住，问道：“师傅，我们出家人不是不近女色的吗？你怎么能抱起她，而且还把她扛在肩上呢？”

“啊，”师傅说：“你还在想呢。我一过河就把她放下了，你怎么还抱着她呢？”

我们的烦恼结束后，如果不能马上把它们抛到脑后，相反，却紧紧抱住不放，使这些情绪占据我们的头脑，只会自增加压力而已。

卞之琳在他的诗里说：“你站在桥上看风景，看风景的人在楼上看你。明月装饰了你的窗子，你却装饰了别人的梦。”在别人的眼里，我们都是别人的风景；在别人眼里，我们也可以看到自己真实的那一面。

一百个人眼里有一百个林黛玉，我们没有必要在别人的评论声中不断改变自己的行为和思想，但有些人的评论是客观公正的。在他们的眼里你是有缺点的，他们希望你能改正缺点并完善自己。所以，他们会不计后果地告诉你，你错在哪里，需要如何改正。这样的人对你是真诚的，你一定要考虑他们的意见。比如，我们的父母、长辈，或是朋友，他们是真心关爱、在乎我们的人，如果用心聆听他们的想法和建议，对我们会有很大的帮助。不过，有时做父母的也不会完全了解自己孩子的需要和想法，也会因为自己的局限，对孩子有过高的期待，会对孩子有一些不恰当的要求，这是不正确的。做儿女的可以在认真考虑了父母的建议之后，有则改之，无则加勉。我们必须在逐渐成长的过程中，学会检讨自己，对自己负责。

当然，并不是说与我们无关的人我们就不用去考虑他们的想法了，只是我们必须明白，不能用自己的消极情绪去回应别人个性和习惯上的不圆满，才能平心静气地接受那些对我们有帮助的建议。至于那些关心我们的人，我们的态度应该是诚恳地聆听他们的意见，并不是遵从对方的期待而改变。对于那些真正不能接受和无法达成的期待，还是要适时地拒绝才行，否则就容易形成关系中造成决裂的隐形炸弹。也有些时候，我们的理想与那些关爱我们的人相抵触，或许我们自己很清楚自己为何要做这样的选择，清楚地知道将来的发展，但是别人不知道。如果我们要坚持自己的选择，也得尽力与对方沟通清楚才好。

现实中有些人在这一点上做得不是太好，结果往往会让自己与关心自己的人都受伤。儿时，我有一个小伙伴，她的个性太强，她在作决定时经常不与父母商量。高中毕业后她喜欢上了一个男孩子，当她决定与这个男孩子在一起时，遭到了父母的强烈反对。本来这件事还有商量的余地，但她义无反顾地和那个男孩子离家出走了，并一去杳无音讯。父母在家里苦等了她三年，经常在夜里哭得撕心裂肺。三年后，她自己抱着孩子回家了，却彻底伤透了父母的心。从那以后，父母不再像以前那样爱她，她才知道自己所犯下的错误是多么严重。

我们不是孤立地生活在这个世界，我们的一言一行都会在别人的眼里形成一定的印象，那些过激的言行必然会遭到许多人的不满。当别人给了你这样的暗示时，你必须学会承认和改正错误。在我们聆听别人的意见时，先要了解他们对我们的态度，然后考虑他们的建议是

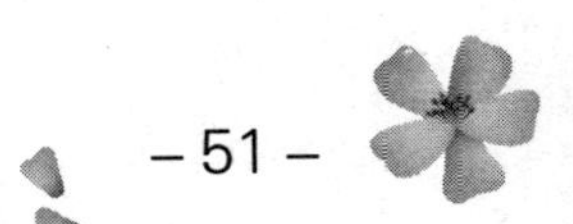

否合适。我们需要听听别人的声音，需要在改变中适应这个社会。但需要记住的是，我们无法满足所有人的期待，但我们需要在别人的那面镜子里看清自己的缺点，不断成长，并表现出真实的自己，而不是一味地把自己塑造成他人眼中完美的形象。

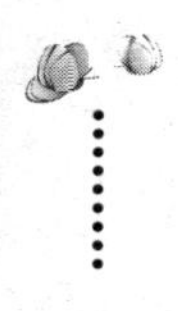

◎ 本我、自我、超我的关系

人不可能没有欲望，有欲望就需要满足，需要宣泄，但人又是社会动物，需要遵循一定的社会规则和道德法律。因此，一个人的自我力量越强大，他的心理往往就越健康。反之，如果本我或超我的力量过于强大，则容易造成一些异常。

心理学研究，超我代表良心、社会准则和自我理想，是人格的高层领导，它按照至善原则行事，指导自我，限制本我，就像一位严厉正经的大家长。

弗洛伊德曾提到，人格的构成包括三个层面：本我，自我，超我。

弗洛伊德认为，只有三个“我”和睦相处，保持平衡，人才会健康发展；而三者吵架的时候，人有时会怀疑：“这一个我是不是我？”或者内心有不同的声音在对话：“做得，做不得？”或者内心因为欲望和道德的冲突而痛苦不堪，或者为自己某个突如其来的丑恶念头而惶恐……这种状况如果持续得久了，或者冲突得比较严重，就会导致神经症的产生。

对于本我和自我的关系，弗洛伊德有这样一个比喻：本我是马，自我是马车夫。马是驱动力，马车夫给马指方向。自我要驾御本我，但马可能不听话，二者就会僵持不下，直到一方屈服。

对此，弗洛伊德有一句名言：“本我过去在哪里，自我即应在

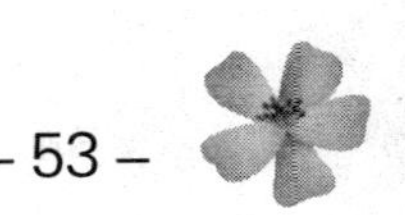

哪里。”自我又像一个受气包，处在“三个暴君”的夹缝里：外部世界、超我和本我，努力调节三者之间相互冲突的要求。所以说，自我是永远的矛盾产物。

本我即原我，是指原始的自己，包含生存所需的基本欲望、冲动和生命力。本我是一切心理能量之源，本我按快乐原则行事，它不理会社会道德、外在的行为规范，它唯一的要求是获得快乐，避免痛苦，本我的目标乃是求得个体的舒适，生存及繁殖，它是无意识的，不被个体所觉察。

自我，即是指“自己”，是自己可意识到的执行思考、感觉、判断或记忆的部分，自我的机能是寻求“本我”冲动得以满足，而同时保护整个机体不受伤害，它遵循的是“现实原则”，为本我服务。

荣格认为，自我是我们意识到的一切东西。它包括思维、情感、记忆和知觉。它的职责是务必使日常生活机能正常运转。它也对我们的同一性感和延续感间的节奏合拍负有责任。荣格的自我概念与弗洛伊德的自我概念十分相似。

哲学上认为，自我即主体内在意识与物质的统一，为本我存在的自觉性。人具有对于本我的发现与创造的自觉性，整体的为人对于自己存在的发现与再创造必然规律性。属于辩证法的部分。

佛学上的自我，又名我执，指人类执着于自我的缺点。它包括自大、自满、自卑、贪婪，或者自我意识太强而缺乏集体意识和奉献精神，或者太关注自己而忽略别人，等等。消除我执是佛教徒的一个修炼目标，认为没有我执就可以将潜在的智慧显现出来，成为有大智慧

的人，即为“佛”。

涉世自我：一个刚步入社会的人阅历很短浅，所以感染各种社会不良习惯的机会也很少；一个饱经世事阅历很广的人，经历的事情多了，智谋也随着加深。所以，一个有修养的君子，与其讲究做事圆滑，不如保持朴实的个性；与其事事小心谨慎，委曲求全，倒不如豁达一些，才不会丧失纯真的本性。

自我也是人类对自己的定义：我是什么，我要成为什么。自我也被认为是人类区分于其他动物的重要标志之一，其实这种说法也有待考证，动物或许也有自我，只是人类无从得知而已。我们经常看到有小男孩会自称自己是奥特曼之类的，小女孩则自称自己是公主之类的，这是一种崇拜，也是他们的自我定义。

在个体接受与选择对象的过程中，个体的自我的壮大是其基本特征。个体在其初期与对象之间存在着极大的不平衡：个体小而对象大、个体弱而对象强、个体有限而对象无限等，由此形成了它们之间的差异性、不对称性和矛盾性。但是后来，随着个体的对象关系在个体自我中的积累，个体开始壮大起来，个体与对象的关系逐渐地趋向对等、平和、融通与同一。个体在对象关系中的这种地位的变化，是对象关系的本质使然。

个体的变化是必然的。从表面看，个体年龄增长了，衰老了，他甚至距离生命的终点更近了。从这点看，个体的接受与选择与他的初始目的是相悖的。然而，从另一方面看，个体在内容上经历了由空洞到充实、由自然性到社会性的转变过程。个体从一个十分渺小的自然

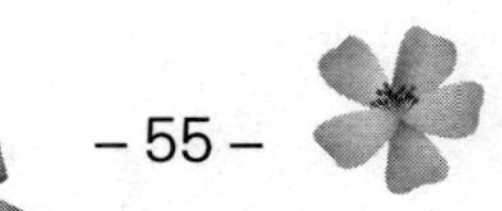

物，逐渐地转变为容纳了包括原始自然、人化自然和社群在内的所有的对象世界。他与世界等同起来，一致起来。他已经不是代表他自己说话，更不是代表他的某个时段（比如他三岁时候的某一天）说话，他容纳的对象世界越广泛，他也就与整个世界越接近，他就有可能变成一个“世界公民”，他就会为更广泛的世界代言，他也就有更加宽广的胸怀，他变成了一个反映整个世界关系的个体。

个体的对象关系是在接受与选择的交替、变换、统一中发展起来的关系。接受不是个体的最终目的。个体需要接受，不接受对象的个体就不是实在，而只是一个空在，而空在的个体是无法进入到群这一高级对象之中的。但是，个体接受的对象愈多，个体受制于对象的方面也就愈多。但这个时候，个体受制于对象的方面已经不是对象的直接作用，而是作用于个体的对象关系所形成并寄宿于个体之内的自我对个体发挥作用。自我代表对象关系重新审视个体，他对“我”开始重新定义。

自我是一个矛盾体。自我寄宿在个体内之后，他便处在矛盾的夹击之中。他既受到来自他的渊源——他的一切对象——对他的作用，他是这些对象的代言人；他又受到来自他的载体——他的命运共同体——对他的作用，他是他的载体——个体的代言人。自我的这一矛盾，使得他不断地调和二者，不断地生成“新我”。由于对象是源源不断的，“我”就是生生不息的，自我总是在新的内容的充实之下不断地改变自己。显然，个体的对象关系越广泛，个体的自我所包含的外延就越广泛。如果接受是无止境的，那么自我的外延就是无边界

的。

迄今为止，群是个体的高级对象。作为个体处在高级阶段的对象关系，个体所在的群是个体的现实关系。群内的每一个个体相互间的交往通过他们各自的自我而展开，个体的自我在交往中相互接受对方从而壮大了他自身。如此以来，交往的结果形成个体之间的普遍自我，正是这种普遍的自我支持了群的延续和发展。在随后的个体与群的关系中，个体进入群最低的门槛就是个体的自我达到了群的普遍的“我”，低于群所要求的自我不为群所接纳。因而，个体的自我——被群所认可的自我——成为个体与群对话的平台，个体的自我上升为与群相统一的普遍的自我。

在与群这一对象的接受与选择中，个体的自我仍然继续发展并壮大。当他的接受程度大到比群的普遍对象关系更广泛的对象世界时，个体的自我超越了当前的群的普遍自我，他上升为超我。在这样的情况下，就体现出了超我。超我是人生的最高境界，主要体现在以下几个方面：

方面一：超我是孤独的我

超我不是普遍的，他是个体自我中的少数，是个别的超乎普遍自我状态的“我”。超我正因为他是个别的，因而是孤独的。超我处于群的顶端，由于他所拥有的对象世界超过了一般个体的现有的对象，超我便在更多的对象领域中显现了我的本性。他的多出的对象世界所形成的那部分“我”要放置在群体之中似乎就是一个难题。他没有同类，他缺少知音，他是孤独的。

从自我到超我，其实是每个个体的必由之路。自我的矛盾迫使自我不断地被新的对象关系所刷新，自我不断地壮大，不断地更新，他拥有了趋向超我的必然力量。所以，当超我出现在个体身上的时候，他也发现每个自我都会和他一样地走向超我。他经历短暂的孤独期，他等待其他个体由自我变成超我，他们在新的超我的阶段重新结为群并达到下一个自我的新的高度。

方面二：超我是博爱的我

超我的对象世界是广泛的。正像处在原始自然阶段的对象关系状态的人们仅仅把血缘关系看得很重一样，处在超我阶段的个体则把一切对象都看得很重。个体拥有的对象越多，个体就越是拥有对对象的更全面的认识，个体对所有对象的认识就越是超越个体初始阶段的狭隘的视角，个体就会在更广泛的意义上处理他与对象的关系。从情感的角度看，拥有超我的个体的爱是广泛的、普适的爱。

个体的所爱由特定的、小我之下的对象扩大到普遍的、大我之下的对象，只有在超我的状态下才能够做到。普遍的自我虽然是群的“我”，但他仍然是以每一个个体的属性的方式存在。他的普遍性仅仅是我们的一个抽象，在其现实性上，他就是单个的自我——当然是服从于群的普遍性的单个的自我。因此，他的爱很明显是小我的爱，是站在他个体的角度发出的爱。相反，超我由于已经不受制于眼前的群的羁绊，他就摆脱了小我的现实关系。他从自我的对象转向了非我的对象，他更全面地认识了“我”。他爱所有的对象，他愿意奉献给

所有对象，他的存在就是最高层次的爱的存在，就是个体在超我阶段的高尚的德性。

方面三：超我是信仰中的我

信仰中的个体是自我不在自身的个体。由于信仰，个体的自我被寄宿在信仰对象那里。个体放弃他的自我——或者说个体的自我相信那个托管者比他把个体管得更好——他直接地请求托管。自我甘愿放弃自己，个体也服从自我甘愿听从信仰对象的安排。从这一点看，处在信仰状态的个体是超我的。他已经不是他自己，他就是信仰对象的代言者，而信仰对象则成为决定个体一切的基本力量。

迄今为止，任何信仰对象都是超乎群的普遍自我的对象。有些信仰对象希望普度众生，有些信仰对象希望救世济贫，还有些信仰对象希望传播普遍真理，它们都是超出个体的现实的理想世界，是为个体设定的理想的彼岸。其超我的特性是明显的。

信仰中的超我与上述其他超我相比，是一种风险较大的对象关系。这种对象的选择，并不是个体的实实在在的对象关系一步一步地演变而来，它跳跃式地来到个体的面前，因而有被个体盲目选择的可能。对于大多数个体来说，建立信仰关系或许可以起到解脱现实的自我所遭遇到的困境。

方面四：超我是完善的我

从个体追求对象的属性看，他的追求的最终的境界是群的普遍的自我的境界。每个个体都以此境界为追求的最终目标。这样一来，当个体追求到群的普遍的自我的阶段时，似乎对象世界被追求穷尽了，

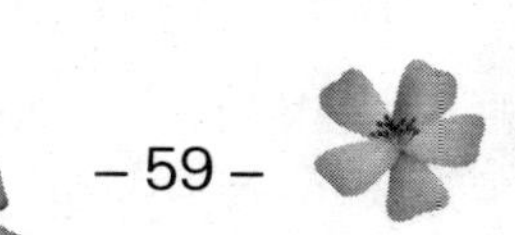

再也没有新的可以与之建立关系的对象了。此时在个体面前便可能出现“无”的状态，大多数个体满足到这一点就止步了。

但对有些个体来说，到了这个阶段之后，“无”是他进一步继续追求的对象。他追求了“有”，又追求了“无”，所以他追求了完善。他在群的“万物止于此”的世界之上继续他的追求，因而是超我，是完善的我的开始。

对“无”的追求其实就是对“有”的反思。因为“有”的对立面就是“非有”。“有”可以直接地去认识，“非有”正因为它是“非有”，是“有”的否定，它的根在于“有”，它来源于“有”，所以只有从“有”中才能真正认识“非有”。但在这个时候，认识的方法已经不是去重复地建立以前那样的对象关系，而是对个体所经历的“有”进行反思。当这个反思完成之后，个体获得了对“有”和“非有”的认知，个体获得了全面的对象关系，他也获得了超我。这个时候，他是完美的。

任何普遍性的意义就在于它是共有的、大众化的、普通的、平庸的。因而，在群的普遍性之中，拥有个性的个体消失了，这时的存在只是群的存在。对于个体而言，群取代了个体的位置，群代表了个体的意义。因而，群的普遍状态就是没有个体、只有群体的状态，就是个体的无的状态。

个体的无的状态与个体的源源不断的对象相矛盾，个体要超越无，走向超我。个体通过超越无而走向“新有”，个体获得了超我，他超越了普遍，他抛开了平庸的对象，他走向崇高。与处在群阶段的

普遍的自我相比，超我是比自我更崇高的我，他就是完美的我。

超我之所以崇高，还在于他不同于个体初始阶段的“有”。虽然在那个时候，个体也是独立的，超出群的，但是，那个时候的个体因为对象的局限，他还没有完成对象关系的重大转变，他不能把握对象，更不能自主。所以，超我只能产生在普遍的自我之后。他是个体集普遍自我的品质于他自身。他来源于普遍，又超越普遍。

在现实中，超我不一定是全面的“我”，他可能是“我”的某个侧面。他不是集结了所有对象关系的“我”，而可能只是在某个方面、某个领域里超越了群的普遍性。对任何个体而言，获得全面的“我”当然是他求之不得的事情，但在有限的生命时段内，个体不可能穷尽所有的对象世界。因而，取得“我”的一个侧面的超越也是个体中了不起的事情。这个时候，如果对象是一个整体，对象由于其整体性而使其任何一个侧面都是它本身，取得了一个侧面的我也就是反映了整个对象的我。个体在某一个对象关系中超越了当时的群的普遍性，那就是崇高的我的显现。

方面五：理想自我

来自社会环境中经由奖励与惩罚的历程而建立的是传统道德及规范的代表，如个人的行为与超我的自律标准不符，即会受到良心的谴责。父母的道德标准会内射成超我的次系统叫“理想自我”，良心透过让个人感到自豪或罪恶来奖励或处罚他。

超我是人格结构中代表理想的部分，它是个体在成长过程中通过内化道德规范、内化社会及文化环境的价值观念而形成，其机能主要

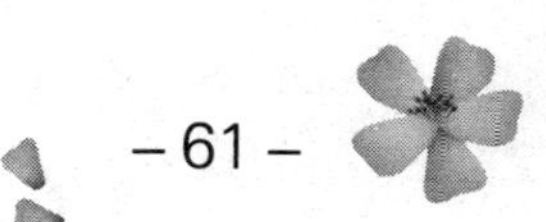

在监督、批判及管束自己的行为，超我的特点是追求完美，所以它与本我一样是非现实的，超我大部分也是无意识的，超我要求自我按社会可接受的方式去满足本我，它所遵循的是“道德原则”。

所以说，超我是人格结构中的管制者，由完美原则支配，属于人格结构中的道德部分。在弗洛伊德的学说中，超我是父亲形象与文化规范的符号内化，由于对客体的冲突，超我倾向于站在“本我”的原始渴望的反对立场，而对“自我”带有侵略性。超我以道德为中心的形式运作，维持个体的道德感、回避禁忌。超我的形成发生在恋母情结的崩解时期，是一种对父亲形象的内化认同，由于小男孩无法成功地维持母亲成为其爱恋的客体，对父亲可能对其的阉割报复或惩罚产生去势焦虑，进而转为认同父亲。

本我是人的意识体与物质体的统一，构成整体的生命体。人的内在整体构成人的本原存在，是本我的原始形态。人类自我解放的劳动行为会通过自我发现与创造维护、推动本我的发展。本我中意识与物质整体构成一个自觉实践的螺旋上升发展过程。

简单来说，本我，是以原始的冲动和欲望为主，遵循“快乐原则”，即以欲望的满足和最大程度的快乐为最大目标（哪怕那些欲望违背了伦理道德甚至法律法规）；超我，则是社会道德层面的内化，里面都是一些崇高的信念与高尚的行为准则，即遵循“道德原则”；而自我，则是介于本我和超我之间的一个中介，它负责协调二者之间的关系，遵循“现实原则”，即要让本我的冲动在超我允许的范围内尽可能地得到满足。

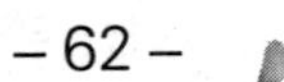

本我的形成要追溯到无意识在精神分析学的早年，曾是一个极为重要的概念。但是从1923年弗洛伊德在《自我与本我》中提出人格由本我、自我和超我组成的假设以后，无意识就只成了一种精神现象，许多以前认为是无意识的东西成了本我。本我是人格中最早，也是最原始的部分，是生物性冲动和欲望的贮存库。本我是按“唯乐原则”活动的，它不顾一切地要寻求满足和快感，这种快乐特别指性、生理和情感快乐。

本我是本能冲动的根源，指原始的、非人格化的而完全无意识的精神层面而言。它包含要求得到眼前满足的一切本能的驱动力，就像一口装满水沸腾着本能和欲望的大锅。它按照快乐原则行事，急切地寻找发泄口，一味追求满足。本我中的一切，永远都是无意识的。

本我由各种生物本能的能量所构成，完全处于无意识水平中。它是人出生时就有的固着于体内的一切心理积淀物，是被压抑、摒斥于意识之外的人的非理性的、无意识的生命力、内驱力、本能、冲动、欲望等心理能力。

本我即原我，是指原始的自己，包含生存所需的基本欲望、冲动和生命力。本我是一切心理能量之源，本我按快乐原则行事，它不理会社会道德、外在的行为规范，它唯一的要求是获得快乐，避免痛苦，本我的目标乃是求得个体的舒适、生存及繁殖，它是无意识的，不被个体所觉察。

弗洛伊德认为幼儿的精神人格完全属于本我，幼儿没有羞恶观念，其全部生活都受欲望支配，不管条件和社会道德，处处要求满足

自己的愿望，寻求快感。他说，孩子们不管社会的一套常规，“他们都顺其自然地暴露自己的兽性”。孩子在幼时常是毫不隐蔽地表现利己主义。但是随着小孩年龄的增长和经验的累积，教育和习俗的影响，会不再盲目追求满足，渐识时务，从本我中分化出自我。

弗洛伊德认为：人格由本我、自我、超我三部分组成。

本我（Id）：位于潜意识中的本能、冲动与欲望构成本我，是人格的生物面，遵循“快乐原则”。

自我（Ego）：介于本我与外部世界之间，是人格的心理面。自我的作用是一方面能使个体意识到其认识能力；另一方面使个体为了适应现实而对本我加以约束和压抑，遵循的是“现实原则”。

超我（Superego）：是人格的社会面，是“道德化的自我”由“良心”和“自我理想”组成，超我的力量是指导自我、限制本我，遵循“理想原则”。

本我、自我和超我之间不是静止的，而是始终处于冲突——协调的矛盾运动之中。本我在于寻求自身的生存，寻求本能欲望的满足，是必要的原动力；超我在监督、控制自我接受社会道德准则行事，以保证正常的人际关系；而自我既要反映本我的欲望，并找到途径满足本我欲望又要接受超我的监督，还有反映客观现实，分析现实的条件和自我的处境，以促使人格内部协调并保证与外界交往活动顺利进行，不平衡时则会产生心理异常。

◎ 皮格马利翁效应

知人者智，自知者明。一个人可以不知人却不可以不自知，即你可以不智，却不可以不明。明而不智者不至于浪费自己的人生，也很容易让自己有所收获。智而不明者却会在狂妄中建造只属于自己的坟墓，将自己的一生当作必输的赌资赔付。人还是应该先检视清楚那个最真实的自己，打好基础再建大厦。

皮格马利翁是古希腊神话里的塞浦路斯国王，他爱上了自己雕塑的一个少女像，并且真诚地期望自己的爱能被接受。这种真挚的爱情和真切的期望感动了爱神阿芙狄罗忒，就给了雕像以生命。虽然这只是一个神话传说，但是，在现实生活中，由于期望而使“雕像”变成“美少女”的例子也不鲜见。

美国著名心理学家罗森塔尔和助手来到一所小学做了一次实验：声称要进行一个“未来发展趋势测验”，并以赞赏的口吻将一份“最有发展前途者”的名单交给了校长和相关老师，叮嘱他们务必要保密，以免影响实验的正确性。其实，他撒了一个“权威性谎言”，因为名单上的学生根本就是随机挑选出来的。八个月后，奇迹出现了。凡是上了名单的学生，各个成绩有了较大的进步，且各方面都很优秀。显然，罗森塔尔的“权威性谎言”发生了作用，因为这个谎言对老师产生了暗示，左右了老师对名单上学生的能力的评价。而老师又

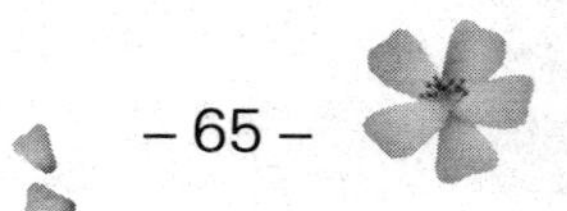

将自己的这一心理活动通过自己的情感、语言和行为传染给学生，使他们强烈地感受到来自老师的热爱和期望，变得更加自尊、自爱、自信、自强，从而使各方面得到了异乎寻常的进步。后来，人们把这一现象称之为“罗森塔尔现象”。它表明：每一个孩子都能成为非凡的人，一个孩子能不能成为天才，关键是家长和老师能不能像对待天才一样地爱他、期望他、教育他。

这实际上就是皮格马利翁效应的应用。

顽童当州长的故事，是“皮格马利翁效应”的一个典型的例子。罗杰·罗尔斯出生在纽约的一个叫作大沙头的贫民窟，在这里出生的孩子长大后很少有人获得较体面的职业。罗尔斯小时候，正值美国嬉皮士流行的时代，他跟当地其他孩童一样，顽皮、逃课、打架、斗殴，无所事事，令人头疼。幸运的是，罗尔斯当时所在的诺必塔小学来了位叫皮尔·保罗的校长，有一次，当调皮的罗尔斯从窗台上跳下，伸着小手走向讲台时，出乎意料地听到校长对他说：“我一看就知道，你将来是纽约州的州长。”校长的话对他的震动特别大。从此，罗尔斯记下了这句话，“纽约州州长”就像一面旗帜，带给他信念，指引他成长。他衣服上不再沾满泥土，说话时不再夹杂污言秽语，开始挺直腰杆走路，很快成了班里的主席。四十多年间，他没有一天不按州长的身份要求自己，终于在51岁那年，他真的成了纽约州州长，且是纽约历史上第一位黑人州长。这个故事说明，教师对学生的赞扬与期待，将对学生的学习、行为乃至成长产生巨大作用。美国心理学家威廉·詹姆斯也发现，人类本性中最深刻渴求的就是赞美。

其实，每个人的内心世界都一样，没有一个学生不想得到老师的赞美和期待。

对少年犯罪儿童的研究表明，许多孩子成为少年犯的原因之一，就在于不良期望的影响。他们因为在小时候偶尔犯过的错误而被贴上了“不良少年”的标签，这种消极的期望引导着孩子们，使他们也越来越相信自己就是“不良少年”，最终走向犯罪的深渊。

积极的期望促使人们向好的方向发展，消极的期望则使人向坏的方向发展，人们通常用这样来形象地说明皮格马利翁效应：“说你行，你就行；说你不行，你就不行。”要想使一个人发展更好，就应该给他传递积极的期望。管仲在作齐国的宰相以前，曾经负责押送过犯人。但是，与别的押解官不同的是，管仲并没有亲自押送犯人，而是让他们按自己的喜好安排行程，只要在预定日期赶到就可以了。犯人们感到这是管仲对他们的信任与尊重，因此，没有一个人中途逃走，全部如期赶到了预定地点。由此可见，积极期望对人的行为的影响有多大！

所以，生活中，人们无论是在对他人，还是在对自己的期望中，都应多一些积极因素，少一些消极因素，这样事情才更容易向良好的方向发展。

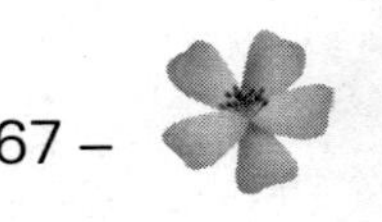

◎ 认识自我的能力

一个人应该有认识自己的意识和能力。因为我们的生活是复杂多变的，认识自己，面对真实的自我，承认自己的优势和不足是我们进军现实世界的基础和出发点。当我们意识到我们的优势时，我们可以更恰当地选择自己的生活方式，给自己一个恰当的定位。

随着科技力量的兴起，许多关于人的八大智能的测试也应运而生，但我们是否可以不用这种方法就可以明白自己的优势与劣势之所在，确定自己的发展方向呢？可以，只要你善于思考，善于反省。

心理学方面的研究发现，一个人无论年纪大小，都可以改变他的自我形象，并借此开拓新的生活。

一个人的习惯、个性和生活方式之所以难以改变，其理由之一是：他从事改变的努力，几乎都只在自身的圆周上，而没有在圆心上。很多人说："以前我也尝试过'积极思考'，可就是无效。"但当你进一步了解后就会发现，这些人虽曾运用或试图运用"积极思考"，以改变外在的境况，或革除特殊的习惯和个性缺点外，并没有使自我形象得以改变。

伟人警告我们，以旧衣补新衣或以旧瓶装新酒，都是不聪明的，拿"积极思考"弥补陈旧的思想，也是无效的。事实上，如果你还秉持着否定自我的观念，而又想要确实地达到某种肯定自我的特定情

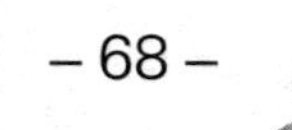

境，那是绝对不可能的事。生活中就有许多不胜枚举的实验显示出这样一个道理：自我观念一旦改变，那么，与自我观念相关的其他事物，都可以迎刃而解。只有敢于改变自我形象的人，他的成功系数才会越大。

一个人缺乏某种程度的自我容纳决不可能有真正的成功可言。

世界上最可怜、最痛苦的人，莫过于那些竭尽所能使自己与别人相似的人。一个人只有放弃了羞愧与矫饰而成为真正的自己时，他的满足与轻松才是无与伦比的。表现自己所带来的满足，决不会降临于那些想成为“某个人”的人身上，它只会降临于情愿放松身心“成为自己”的人身上。

我们大多数人本来比自己心里所了解的更美好、更聪明、更强大、更能干，能创造出更完美的才能、天赋、能力，然而就是因为太刻意去改变自己的现在，盲目地模仿别人，而使自己成了一个不伦不类的人。

我们可以改变个性，但是不能改变基本的自己。个性是我们处在世界上“自己”的工具与焦点，它是我们所用到的习惯、态度与技巧的总和。

人的潜能是无限的，我们可以充分地发挥自己的主观能动性，倾注自己毕生的执着和追求，一步步地朝着理想的目标推进。

是的，对自我潜能的开发，不是静止的，而是活动的。它不会是完整的，也不会是确定的，但它确实是我们生命中不可缺少的一种理想和信念。

如果你背对着自己，对自己觉得羞耻，拒绝看清自己。那么，你就无法发挥你所特有的潜力和创造力。

反省是人类提高自己的能力，重新认识自己的有效途径。善于思考和反省的人有对自己思想的更新能力，他们会随着自己在生活中的经历不断校正自己的航向，渐趋完善自己，充实自己，让自己成为一个完美的人。更可贵的是善于反省自我的人有勇气面对自己的缺点，敢于剖析自己的灵魂，能够认识到自己的不足，并在必要的时候放下自己的架子，在别人面前承认自己的错误。这样的人是可贵的人，是真实的人，是成功的人。

我的一个朋友，心地很善良，刚从学校毕业的时候，对自己，对社会都不是很清楚。她听从了父母的安排，嫁给了现在的老公。她的老公是一个很细心的人，很顾家，就是脾气有点急。按理说，他们应该是很好的一对，但事实并非如此，婚后最初的一段时间里他们也很融洽。但好景不长，结婚不到两年，他们各自身上的缺点就暴露无遗。于是，两人之间的争吵也就成了家常便饭，闹得双方父母都难安心。我很为自己的这位朋友惋惜，因为她本该是一个可以生活得很幸福的女人。可是因为她对自己的认识不够，所以活得很累，就像是一个从来就不知道自己站在哪，该往哪走的迷途的孩子。

在与她的接触中，我发现她很固执，也很偏激。在她的内心里，她认为她永远都是对的，不会听任何人的劝告。在工作的过程中她屡屡碰壁，可是，她仍然认为自己的能力很强，只是自己的运气不佳，却不会考虑自己是否有什么地方需要改进，需要调整。事实上，由于

受教育和阅历的限制，她的交流方式很难让一般人接受。所以，她无形中就会让自己陷入一个很被动的包围圈，这便是她工作屡屡受挫的原因。她一直认为自己很漂亮，很年轻，与老公离婚之后可以再找一个更好的人，可以有更幸福的生活。但她似乎忘了，现实并没有她想的那么简单，况且，她没有倾城倾国的容貌，也不再年轻。应该说，是她自己毁了自己的生活。因为不能认识自己，所以，她无法抓住自己该有的幸福，这是一种悲哀。

一个人应该有认识自我的能力，这是必要的，也是必需的。没有这种能力，就很难找到自己的位置，也就很难有所成就。所以，我们都应该学会认识自己，剖析自己，明确自己的方向，面对真实的自我。

◎ 了解自己

一个人应该思考的不是自己应该得到什么，而是自己是个什么样的人。

许多有所成就的企业家、作家、演员和运动员都曾谈论过，我们的自我形象会如何影响我们要做的每一件事情。甚至有人说，那是人类所有成就中最重要的单一因素。美国著名整形外科博士马克斯威尔·莫尔兹发现一些病人在做过整形手术后，会经历重大的人格变化。但是，在其他的一些个案里，即使是相当戏剧化的手术结果，病人还是会把自己看成一个丑陋的或是一个无能的人，外在形象的改变对于真正的问题仍然没有丝毫的影响。他们内在的自我形象，也就是对自己的信念，还是没有改变。于是，莫尔兹博士让他们忽略自己的肉体，而去改变内在的自我态度，结果收到了良好的效果。

我们很容易看见自己的外在形象，但认识自己真实的内心世界却有一定难度，如果我们来做一个实验就会看到一个较为真实的自己。

首先，你需要把能够描述你自己的一切特征和人格特质，以及相信你自己是什么样的人的想法都写出来。请注意，不是你认为别人会如何看你，而是你如何看你自己。如果你想在开始的时候容易一点，就先写出你觉得足以描述你自己的一些词语。接着，要注意，写的时候要用你平时不惯用的那只手，这样做也许会有困难，而且你也许会

把字写得大大的，但只要你坚持做下去，你就会发现，事情变得越来越容易了。只要你事后能够将每一个字都辨认出来，你就不需要为你的字写得歪歪扭扭而操心。现在就写出你的清单吧，给自己足够的时间，如果你在做这件事时保持放松的话，是会有帮助的。当你减少了左脑的有意识的干扰后，更深入的、真实的洞察力就会显现出来。

人的大脑的左半部分与语言和逻辑有关，而右半部分与感觉和直觉有关。你惯用的那只手和你身体的同一边，都是由你的大脑的另一边来指挥的。因此，当你做上述实验时，你的左右半脑中比较不惯用或潜意识的那一边会被运用出来。这个简单的实验可以从潜意识中带出一些洞察力，而这些洞察力，在你运用惯用的那只手来写的话是不可能被发现的，只有当它们被你发现了，你才会意识到它们是真实的。你最先写的一些勉强可以认出来的字，也许是可以预测，而且也和你较常用的那只手写出来的那些是一致的。但是，当你继续写你的清单，并允许你的潜意识自由发挥的时候，你就会得到更多具有透露性的自我形象的词语了。当有明显的矛盾，即对平时的形象构成巨大的冲击发生的时候，你需要对自己完全诚实，分辨哪一个才是真正适用的。通常惯用的手写出来的清单，看起来会像是为了供“大众消费”而写的，并不会显出更深层的自我信念。例如，你用惯用的手写出来的“聪明”，用非惯用的手写出来就有可能变成“圆滑”，甚至是“投机取巧”。在很多实验的例子中，亲戚和亲近的朋友会确认说，用非惯用的手写出来的会更接近事实。

仔细审视你单子上所列的每一个词句，如果你不能确定你所写下

来的某一个词语的确定意义，试着把每一个词都用一句话加以表达，不过你要用你非惯用的那只手来写。这些词语的每一个都可予以扩大，成为一个或更多的特定概念的叙述句。例如，“友好”可能会包括“我喜欢别人来我家作客”这个特定的信念，而“脚踏实地”则可能涵盖“我很会自己动手做东西”。这些使用非惯用的手写下来并且扩大成为更明显的句子的信念，才是有可能解释你的行为和结果的信念，而不是那些你立刻就可以觉察的少数信念。

接下来是“自我催眠”，将每一个信念都放在你的心里加以测试。首先，选择一个你认为是正面的信念，然后想象你自己现在正处于这样一个实际发生的状况，而且，在这个状况里，你的这个信念正在付诸实现。举例来说，如果你很擅长于吸引儿童的兴趣，比如讲故事、唱儿歌，你就想象自己正在这样做，而且正在享受自己做得很好的感觉。这个例子也许正是收到你的清单上“友好的”或“令人喜欢的”这些词语激发而产生出来的。为了让你感受更真实，你需要想象一些视觉上的东西，可以是小孩的脸、故事书，以及你周围的任何事物。如果你可以感觉你所听到的任何声音，包括你自己讲话、唱歌的声音，或是体验到任何与你正在做的事情有关的感觉，那么这种真实性就更加强烈了。换句话说，你最好动用起自己的感官，必要时五种感官都要用到。其中，视觉、听觉和感觉最为重要，这种感觉很像自我催眠，你必须先让自己进入这样一个放松的状态。

现在将情景转到一些不会令你感觉快乐的事情上，也就是那些负面的自我信念。举例来说，你的同事正在热烈讨论着什么，但你却插

不上嘴，你不喜欢看到自己正在这么做或处于这种状态，这也许就是“拘束的”、“害羞的”、“难以交流的”这些词语所激发出来的。你可以回想过去的一次不好的经历，也可以想象未来会发生的一件不好的事情，如同上面一样，把它感觉得越真实越好。

通过上述的两个步骤，你已经体验到自己的两个不同的形象所反映出的不同的两个自我形象。把这两种自我形象加以比较，你会开始看到一些差异。这并不是指两个情景在内容上的差异，而是视觉、听觉、感觉上的差异。

也许，这是你第一次了解自己对自己的感觉，了解你的自我形象。在重新审视之下，你就可以运用那些令人产生力量的词语，创造你希望拥有的信念，改变那些不利的信念，进而把自己的潜能激发出来。

◎ 不断反省自己

我认为，自我反省是学习不断理清自我的思想并加深个人的真正愿望，集中精力，培养耐心，并客观地观察现实，以达到与现实同步的过程。它是学习型组织的精神基础。精熟于自我反省的人，能够不断实现他们内心深处最想实现的愿望，他们对生命的态度就如同艺术家对艺术作品一般，全心投入、不断创造和超越，是一种真正的自我反省，此项修炼兼收并蓄了东方和西方的精神传统。

遗憾的是，没有多少人能以这种方式成长，并达到自己的目标。这个领域是一片广大而尚未开发的处女地。许多人聪明、受过良好的教育、充满朝气、全心全力、渴望出人头地，但他们到30多岁时，通常只有少数人平步青云，其余大多数人都失掉了开始时所有的上进心、使命感与兴奋感。对于工作，他们只投入些许精力，心情几乎完全不在工作上，这种生活是多么可悲！

大多数人不会在自己身上找缺点，当你询问他们的愿望是什么时，通常他们首先提到的是负面的、想要除掉的人或事。例如，他们说："我想要我的岳母搬走"，或"我想要彻底治好背痛"。然而，自我超越的修炼，则是以我们真心向往的事情为起点，让我们为自己的最高愿望而活。

检讨是成功之母。找出自己最大的障碍、限制性的步骤，以及犯

过最大的错误，推导出原因，加以改善，你就必然会有所收获。

真正会思考的人，从自己的错误中汲取的知识比从自己的成就中汲取的知识更多，而这个途径是一个人进步的最好的途径。

美国黑人将军鲍威尔在海湾战争中崭露头角，鲍威尔的成熟、老练就是在不断的反思、反省中铸造的。

还在担任下层军官时，鲍威尔就率领士兵跳伞。临跳前，鲍威尔问士兵的伞准备好了没有，士兵们异口同声地说准备好了。鲍威尔放心不下，于是又逐一检查了一遍，结果不查不知道，一查吓一跳——有个士兵的伞居然不能打开！

经历了这件事以后，鲍威尔汲取了教训：做事要细心，要部署周密。从那以后，他再也没有犯过类似的错误，他也因此在很短的时间内成长成一个优秀的将军。

不断的反省是任何人都可以从自身汲取养料的最佳途径。当我们要面对真实的自己时，不要忘记自我反省；当我们要超越自己时，不要忘记自我反省。不要说你没有缺点，也不要说你不需要改正，勇于自我反省的人才会在这个世界有所成就。

◎ 不要迷失自己

世界上没有完全相同的两片树叶，你有你的特色，我有我的色彩。任何时候都不要因为自己与别人的不同，或者潮流的席卷就随波逐流，迷失自己。现实世界的丰富多彩有着巨大的诱惑力，为了跟从时尚而不断地变化自己的位子是可笑也是可悲的。

即使那些最富有思想的哲学家们有时也会说：“我是谁？我从哪里来？我又要到哪里去？”事实上，这些问题从古希腊开始，人们就一直在问自己，却一直都没有得出令人满意的答案。

但即使如此，人们都从来没有停止过对这个问题的追寻。也许正是因为如此，人们才会迷失自我，也很容易受到周围各种信息的暗示，并把他人的言行作为自己参照的目标。现实中的从众心理就是一个很好的证明。生活中的我们经常会受到别人的影响——那些一个接一个打哈欠的现象就是很好的例子。也许你还记起童年时，我们看见和自己同龄的小伙伴有一件漂亮的连衣裙就会回家缠着父母给自己也买一件；看见别的小朋友有零花钱就希望自己也有一定的资金支配权。等长大了，这种人性的特点也依然存在，并且有的人会越演越烈。这就必然导致有的人在不断的跟从中迷失自己。

在日常生活中，人既不可能每时每刻去反省自己，也不可能总把自己放在局外人的地位来观察自己。正因为如此，个人便需借助外来

信息来认识自己。个人在认识自我时很容易受外界信息的暗示，从而不能正确地知觉自己。

有一位心理学家用一段笼统的、几乎适用于任何人的话，让大学生判断是否适合自己，结果绝大多数大学生都认为这段话对自己刻划得细致入微，准确至极。下面有一段心理学家使用的材料，你觉得是否也适合你呢？

你很需要别人喜欢并尊重你。你有自我判断的倾向。你有许多潜力，但并没有完全被发掘出来。同时你也有许多缺点，不过你一般可以克服它们。你与异性交往有一定困难，尽管你表面上看起来很从容，其实你内心焦虑不安。你有时会怀疑自己所做的决定是否正确。你喜欢生活有些变化，厌恶被别人限制。你以自己可以独立思考而自豪，别人的建议如果没有充分的证据你不会接受。你认为在别人面前过于坦率地表露自己是不明智的。你有时外向、亲切、好交际，而有时却内向、谨慎、沉默。你的有些抱负往往不够现实。

看过这一段话，你也许会深刻地体会到你自己很适合被给予这样的评价。其实，这是一顶戴在谁的头上都适合的帽子。

一名著名的杂技师肖曼·巴纳姆兹阿评价自己的表演时说，他的节目之所以大受欢迎，是因为他的节目里每一分钟都包含了人们喜欢的内容，它可以使得每一个人都“上当受骗”。人们认为一种很笼统、很一般的人性描述十分准确地揭示了自己的特点，心理学上讲这种倾向称为“巴纳姆效应”。

巴纳姆效应在生活中很常见，就以算命的来说吧，很多人在请教

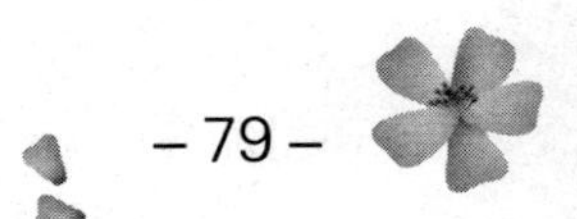

过算命先生之后都认为算命先生说得很准。其实，那些求助于算命先生的人本身就很容易受到别人的暗示。因为当一个人情绪低落、失意时，本身对生活的控制力就会大大减弱，于是安全感也会随着减弱。此时的人心理的依赖性会大大增强，很容易受到别人的心理暗示。假设那个算命先生很会揣摩人的心理，见机行事，稍微能够理解求助者的感受，求助者就会感到一种心理上的安慰。算命先生再说一段无关痛痒的话就会给与求助者一点信心，求助者就会深信不疑。

每个人都会有从众心理，只是个人的表现不同而已，我们需要做的是在跟从中超越，而不是在跟从中迷失自己。

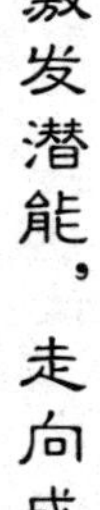

◎ 学会释放自我的情感

有时候，我们过于关注不好的事情，自我增加了压力。积极地思考是一种促使你的一生更为积极进取的方法；它是一种对你有帮助的洞察事物的方式，而不是打击你的方式。这是很重要的，因为消极地思考与积极地思考一样容易。无论你认为你能够，或者你认为你不能，你绝对是正确的。不要总是认为自己哪里有什么不对的地方。

首先你要学会如何辨认消极性思考。想想哪一些消极性思考经常发生在自己身上。积极性思考并非盲目地乐观，而是一种对事物重新评价并侧重正面效果的方法。

假使你事情做得不错，就承认这个事实。我们对我们的失败会感到难过，那么为什么不也对我们的成功感到高兴呢？适时地去接受应得的赞赏。假使你不确定赞赏是否确实应得，就进一步调查清楚，不要没弄清楚就贬低自己。

当然，我们都会遭遇事情处理不当的情况。处事不当是人人都有可能发生的事情，不要为此就否决自己，认为自己下次肯定再也做不好了。不要因为一个地方的绩效不佳就推测其他地方可能也达不到标准。不幸的是，我们很容易将小事扩大，除非我们能很精确地加以界定。在指出问题时，应对它加以定义（我们必须决定去处理）及加以限制（所以我们通常不必觉得没有能力）。设计一个推理式的解决方

法。这种恐惧以前曾经发生？它的发生必定伴随什么样的情境？假使他仍为这种恐惧而烦恼，你会认为他是不必要的忧虑，或者认为他的考虑大致上相当合理？

在你为某件事而烦恼，感觉自己解决不了它，由此备感压力的时候，试着想象一下最糟的结果，想象最恶劣的情节作为对你的恐惧的一项直接挑战。尝试着问自己：“可能发生的最坏情况是什么？”假使你能够接受这样的结果，你就不会再有问题。你可以说：“即使我没完成，情况也不会是世界末日。”下一步是说：“我能做什么来促使结果改善些？”一旦你开始将注意力集中在行动上，你将没有时间在你的烦恼上逗留。

当面临一个问题时，我们会尽可能地做一切努力。然后，在确认我已力行所有我被要求的事后，我们会去面对任何的结果，即使是全面性的危机。

积极性思考并非是一种一次完成的解决方法。假使你能不屈不挠，直到使这种思考方式成为习惯，你就能从积极性思考中获益良多。

造成较多困扰和压力来源的是不确实性。你不确定是否能准时地召开一场会议远比你确定会延迟来得令人困扰。一旦你确定你无法召开会议，你会停止烦恼，并且开始思考如何创造最佳的情境。因此，你要想解除压力，你必须针对特定明确的事，不要听其自然。

假使你列出所有在你身上确定拥有的事物，它将帮助你对你的问题产生正确的观点。在明白了你所拥有的其实已经很丰富，比起其他人来说已经强多了的时候，你将发现你的消极想法似乎不是那么多，

而且毕竟也不是无法处理。

有时我们感到沮丧，没有任何明显的原因，可能没有任何消极想法需要克服。在这种情况下努力释放自我，对自己说：“这很自然，而且只是暂时性的。”每个人的情绪像潮水一样，有高有低，不要总想着没有起伏，没有压力的日子，努力去接受适应它；而不要创造一个人为的永久高潮。

我们很多人因为将注意力放在生活中百分之九十不满意的事情上而变得不快乐。我们却忽视百分之九十的好事。假使你认为你是如此，设法列出你的一项主要困扰，然后列出九个有正面意义的项目予以调整，使之均衡，反问自己：“为什么这件事困扰着我？”

有时候我们可能为某件事在烦恼，却不曾实际地去找出为什么我们会为它烦恼的真正原因。我们所感到迷惑的很可能仅是个征兆，而非造成我们麻烦的原因。因此，当你感受压力时，试试这种方法：记下困扰你的事，然后写下为什么。如此一般思索，找出使你感到压力的真正原因，并且开始着手解决。

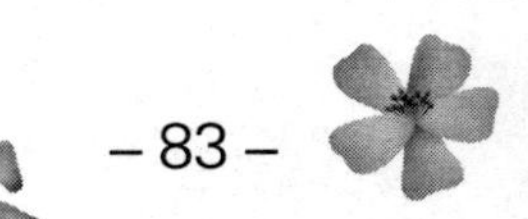

◎ 做独立完整的自我

暗示在本质上，是人的情感和观念，会不同程度地受到别人下意识的影响。人们会不自觉地接受自己喜欢、钦佩、信任和崇拜的人的影响和暗示。而这种暗示，正是让你梦想成真的基石之一。

海伦在这家外贸公司工作已经三年了，国际贸易专业毕业的她在公司的业绩表现一直平平。

原因是她以前的上司胡悦是个非常傲慢和刻薄的女人，她对海伦的所有工作都不加以赞赏，反而时常泼些冷水。一次，海伦主动搜集了一些国外对公司出口的纺织品类别实行新的环保标准的信息，但是上司知道了，不但不赞赏她主动工作，反而批评她不专心本职工作，后来海伦再也不敢关注自己业务范围之外的工作了。海伦觉得，胡悦之所以不欣赏她，是因为她不像其他同事一样奉承她，但是她自知自己不是能溜须拍马的人，所以不可能得到胡悦的青睐，她也就自然地在公司沉默寡言了。

直到后来，公司新调来主管进出口工作的赛姆，一切发生了转变。新上司新作风，从美国回来的赛姆性格开朗，对同事经常赞赏有加，特别提倡大家畅所欲言，不拘泥于部门和职责限制。在他的带动下，海伦也积极地发表自己的看法了。由于赛姆的积极鼓励，海伦工作的热情空前高涨，她也不断学会新东西，起草合同、参与谈判、跟

外商周旋……海伦非常惊讶，原来自己还有这么多的潜能可以发掘。想不到以前那个沉默害羞的女孩，今天能够跟外国客商为报价争论得面红耳赤。

其实，海伦的变化，就是我们说的皮格马利翁效应起了作用。在不被重视和激励、甚至充满负面评价的环境中，人往往会受到负面信息的左右，对自己作出比较低的评价。而在充满信任和赞赏的环境中，人则容易受到启发和鼓励，往更好的方向努力，随着心态的改变，行动也越来越积极，最终作出更好的成绩。

我也受到过这种“暗示”，皮格马利翁效应其实体现的就是暗示的力量。

你有过这样的经历吗？本来穿了一件自认为是很漂亮的衣服去上班，结果好几个同事都说不好看。当第一个同事说的时候，你可能还觉得只是她的个人看法，但是说的人多了，你就慢慢开始怀疑自己的判断力和审美眼光了，于是到了下班后，你回家做的第一件事情就是把衣服换下来，并且决定再也不穿它去上班了。

其实，这只是心理暗示在起作用。暗示作用往往会使别人不自觉地按照一定的方式行动，或者不加批判地接受一定的意见或信念。可见，暗示在本质上，是人的情感和观念不同程度地受到别人下意识的影响。

人为什么会不自觉地接受别人的影响呢？其实，人的判断和决策过程，是由人格中的“自我”部分，在综合了个人需要和环境限制之后作出的。这种决定和判断就是“主见”。一个“自我”比较发

达、健康的人，通常就是我们所说的“有主见”、“有自我”的人。但是，人不是神，没有万能的“自我”、更没有完美的“自我”，这样一来，“自我”并不是任何时候都是对的，也并不总是“有主见”的。“自我”的不完美、以及“自我”的部分缺陷，就给外来影响留出了空间、给别人的暗示提供了机会。我们发现，人们会不自觉地接受自己喜欢、钦佩、信任和崇拜的人的影响和暗示。这使人们能够接受智者的指导，作为不完善的“自我”的补充。这是暗示作用的积极面，这种积极作用的前提，就是一个人必须有充足的“自我”和一定的“主见”，暗示作用应该只是作为“自我”和“主见”的补充和辅助。表面上看，有些积极暗示，似乎起着决定性作用，其实，积极暗示对于被暗示者的作用，就像是“画龙点睛”。换句话说，如果你不是那块材料，再多的暗示也无济于事。除接受“暗示”之外，还要树立独立完整的“自我”心理暗示，发挥作用的前提是“自我”的不完善和缺陷，那么如果一个人的“自我”非常虚弱、幼稚的话，这个人的“自我”很容易被别人的“暗示”占领和统治。

暗示也有消极的方面，那就是容易受人操纵、控制。心理暗示发挥作用的前提是“自我”的不完善和缺陷，那么如果一个人的“自我”非常虚弱、幼稚的话，这个人的“自我”很容易被别人的“暗示”占领和统治。这种人的人格本身，就存在着严重的依赖倾向。所以，皮格马利翁效应虽然会对你的生活产生积极或者消极的影响，但是千万不要盲目地相信它，完全被它所左右。因为外界的鼓励或是批评是每个人都必须要面对的问题，如果总是因为别人的态度而改变自

己的话，那就永远也不会成熟。还是说说海伦吧，海伦如今在公司可是跟以前大不一样，活跃的劲头让很多同事都羡慕得不得了。但是后来，海伦遇到了一件事情，差点打垮她的信心。原来是一次跟外商的谈判中，在谈判开始前几分钟，他们才发现自己遗漏了一份很重要的文件，结果对方认为他们的态度不够专业，所以谈判不欢而散，公司也因此损失一笔200万元的订单。事后公司副总问及此事的责任，赛姆竟然全部推到海伦身上，说是她的粗心才遗漏了文件。海伦委屈极了：头一天，明明是赛姆说他要最后看一下关键文件，他怎么能推卸责任呢？

我们与上司的距离应该保持多远？这是海伦第一次挨训。回家后，她难过了好久。她想不通赛姆怎么能冤枉她？明明是赛姆的责任啊，为什么会怪到她头上？在海伦的眼里，赛姆就是自己的指路明灯，她没有想到在涉及自身利益的时候，平常和蔼友好、从不吝惜赞扬的赛姆会这样不讲理。赛姆高大的形象在海伦的心中开始瓦解。海伦很失望，很灰心，好不容易建立起来的工作热情又要开始动摇。她开始怀疑，是不是自己本来就不适合在这家公司工作？不过，海伦终究没有辞职，因为不久之后，公司人事变动，赛姆又调到别的分公司去了。再新来的上司，既不像胡悦那样老打击她，也不像赛姆一样老表扬她。新上司是个理性的人，一切以事实为根据，是就是，不是就不是，也没太多可说的。海伦慢慢也习惯了，渐渐把注意力从别人的态度转移到工作上，这才发现，原先以为做得无懈可击的事情，其实还有很多不完善的地方。海伦也慢慢体会到，其实赛姆并不见得认为

她如何优秀，只是他的习惯是给别人很多赞美。不过时间长了，海伦也就原谅赛姆了，也许赛姆当时并没有考虑那么多。无论如何，海伦都很感激赛姆，因为他的赞美，让海伦从自卑变到自信，积极面对工作，发掘自己的潜能。

现在的海伦终于明白，其实每个人在职场上都有可能既遇到胡悦，也遇到Sam，关键是树立一个独立完整的“自我”，才不会为皮格马利翁效应所左右。当然，最好的情况是自己给自己创造皮格马利翁效应：灰心丧气的时候，给自己鼓劲；春风得意的时候，提醒自己不要忘形。海伦相信，有一天，皮格马利翁效应会让她美梦成真。

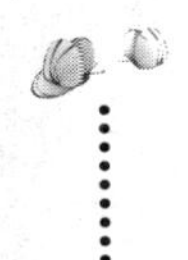

◎ 正确地评估自己

心理学家做过一个试验：他向一些参与实验的人呈现若干描写个性品质的形容词，让他们从中有选择地用这些形容词为自己“画像”。结果发现，那些精神病患者中，77%的人选出不利于自己的词，如“不安的”、“烦躁的”、“孤独”、“情绪易冲动”等来形容自己，而正常人中的70%选择了诸如“诚实”、“有良心的”、“爱交往的”、“自制力强的”等有利于自己的形容词。

看来，心理健康者的自我评价要积极得多。尽管一个人对自己的评价过高对于完善自我是不利的，因为如果只看到自己的优点，似乎别人皆不如己，容易盲目乐观、不思进取，甚至狂妄自大，这样必然处理不好人际关系。然而，在相对客观的标准下，适当积极地评价自我，对心理健康是有利的。

一个心理健康的人会作出恰当的自我评价，他能对自己的身心状况、能力和特点，以及所处的地位、与他人及社会的关系作出正确认识和评价。他们清楚地知道自己存在的价值，对自身的能量、个性、优势有着客观的评价。同时，能接受完美或是不完美的自己，对自身抱有正确的态度，不高傲也不气馁。心理不健康的人却常不自知，对自身缺乏正确认识，自我膨胀，孤芳自赏，甚至是自暴自弃。

学会积极自我评价的最佳途径是时刻将自己的优点反馈给自己，

正确认识自己的优点，对通过自身努力获得的成果给予肯定的评价，并将其根植于内心，时时注意浇灌它，培育它，使其生根发芽。

如果我们把自己放在社会这个大背景中，我们能否给自己一个清醒的评估？我们是否是一个有用的人？是否可以成功？是否是一个特别有用的人？

推出一种新产品，只有找出最合适的市场形象，才能打开市场的新天地，这些原则是对任何事物都适用的。

但是，许多人却忽略了这一道理，并且从来不把它用在自己身上，不去思考如何把自己推向市场。

只要我们与企业界的高层人士交往愈多，就愈能体会他们之所以能达到高位的原因：有一部分归功于个人促销，以及更重要的——个人定位。他们不仅工作勤奋，表现优异，而且总是精心布局，让别人能认同自己的价值。

这种自我设计并不是一种弄虚作假，只要能够实事求是地正视以下几个问题就可以了。

1.你的形象如何

你的形象是你获得别人尊重和好感的一个诱因，有时甚至决定着你的命运。

2.你是否找准自己的位置

人才正如产品一样，对谁都能用的产品，往往不是精品，而是大路货或便宜货。这些大路货是不可能与具有特殊功能的产品相竞争和比较的。

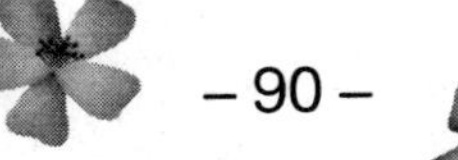

即使你什么都懂，别人也会冷眼相看。在当今讲究业务专长、精通专业的社会，同行的共同语言总是容易相通和理解的，人们总是愿意与同行切磋技艺。

因此，如果不能正确地评价自己，那么就不可能得到他人的理解和支持，道理是显而易懂的。

3.你犯的是哪类错误

吃五谷，生百病。人生在世，总会遇到困难和挫折，也会犯这样或那样的错误，但错误的实质却有根本的不同，主观的错误永远是你致命的弱点。

4.凡事不能聪明过头

IMG公司里有位经理，才思敏捷，反应快速，他能在瞬间衡量情势，作出决定。

这种快速思考的能力，虽然在公司里极受重视与嘉许，但对外来说却未必是优点，很多人会觉得他过于精明厉害。

当他与一家长期从事体育赛事的公司洽淡时，仍然我行我素。这对于习惯照章办事、按部就班的这家公司来说，对他这种即席的解答方法，不仅颇觉惊讶，而且完全跟不上他的速度。结果这家公司没有选择与他合作。

5.你会出名吗

最能让你名声在外的是，做好每一件事，这样自然会有人去为你立传，这比从你自己嘴里说出来，更能令人信服。反之，要不引起他

人的反感，最好的词语应是“我们”、“我们公司”，而少用或不用“我”、“我的”……

6.你的工作岗位怎样

要赢得赛马的胜利，一靠骏马，二靠骑师。前者的因素占90%，后者占10%。事业前程也是如此，好人配好马，好马配好鞍，定能驰骋商场。你有一个好单位，许多事都可以顺利达成。

爱自己的最主要方法首先是积极的自我评价，胜利者的本质是了解自己的真正价值，有自尊心、有自信心，把自己放在主要位置。失败者的本质是瞧不起自己，疑神疑鬼，过于在意别人的眼光，把别人放在主要位置。

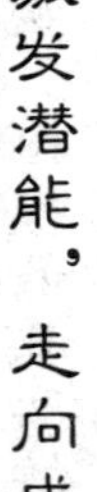

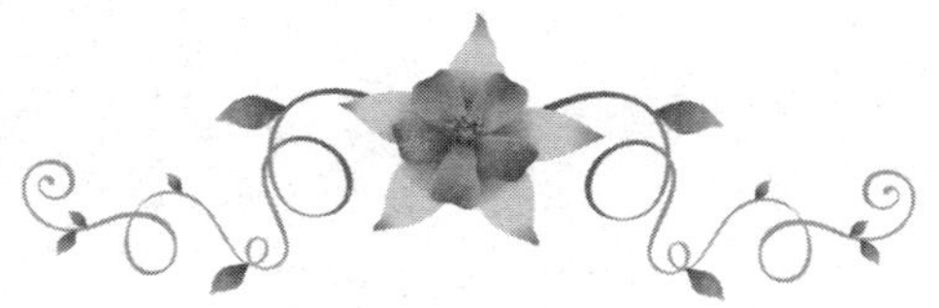

第三章 激发自身潜能

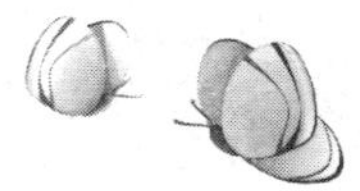

每个人的内心世界都拥有惊人的潜能，蕴涵着无尽的能量，无尽的智慧，可以满足现实的一切需求。我们一旦掌握了这个内在世界的潜能，并加以运用和释放这种潜能，结果就会如实反映于外在的世界。

◎ 认清自己的特长

人是自然界最伟大的奇迹，一旦意识到自己的潜力，便会焕发出前所未有的生活热情和勇气。每个人都能成功，每个人体内都具备成功的潜能，尽情发挥这股力量，成功就会紧随而至。潜能是激发我们走向成功的力量，只要我们敢于挑战自己，敢于付出，理想一定会变为现实。只要我们在思想上、身体上、行为上、意识上都掌握迈向成功的策略，并且长久地保持这种状态，不断地采取行动，发挥自己所有的力量，释放内心无比的能量，我们就会开发出巨大的潜能，就会在瞬间改变命运，并且持久地带来变革，取得人生中想要的非凡成就！

有一天，在西格诺·法罗列的府邸正要举行一个盛大的宴会，主人邀请了很多客人。就在宴会开始的前夕，负责餐桌布置点心的制作人员派人来说，他设计用来摆放在桌子上的那件大型甜心饰品不小心被弄坏了，管家听后不知所措，急得团团转。

在这时，一个孩子走到管家的面前怯生生地说："如果您能让我来试一试的话，我想我能创造另外一件饰品来顶替。"这个小孩是西格诺府邸厨房里干粗活的一个下人。"你？"管家惊讶地喊道，"你是什么人，竟敢说这样的大话？"

那个脸色苍白的孩子回答道："我叫安东尼奥·卡诺瓦，是雕塑家皮萨诺的孙子。""小家伙，你真的能做吗？"管家半信半疑地

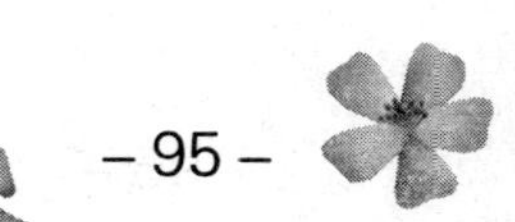

问道。“我可以造一件东西摆放在餐桌中央，如果您允许我试一试的话，我想是可以的。”小孩子在此时开始显得镇定一些了。仆人们在此时都已经慌得手足无措了。于是管家就答应让安东尼奥去试试，他则在一旁紧紧地看着这个孩子，注视着他的一举一动，看他到底怎么办。

这个厨房的小帮工不慌不忙地要人端来了一些黄油。管家更奇怪了，不一会儿工夫，不起眼的黄油在他的手中变成了一只蹲着的巨狮。管家顿时喜出望外，惊讶地张大了嘴巴，赶紧派人把这个黄油塑成的狮子摆到了桌子上。

晚宴开始了。客人们都陆陆续续地被引到餐厅里来。在这些客人当中，有威尼斯最著名的实业家，有高贵的王子，有傲慢的王公贵族们，还有眼光挑剔的专业艺术评论家。可是当他们一眼看见餐桌上卧着的黄油狮子时，都不禁交口称赞起来，都认为这是一件天才的作品。

他们停留在狮子面前不舍得离去，甚至都快忘了自己来此的真正目的是什么了。结果整个宴会变成了对黄油狮子的鉴赏会。客人们都在狮子面前情不自禁地细细欣赏着，不断地问西格诺·法罗列，究竟是哪一位伟大的雕塑家竟然肯将自己天才的技艺浪费在这样一种很快就会溶化的东西上。法罗列也呆住了，他立即把管家喊来问话，于是管家就把小安东尼奥带到了客人们的面前。

当那些尊贵的客人们得知，面前这个精美绝伦的黄油狮子竟然是这个小孩仓促间做成的作品时，都情不自禁地大为惊讶，整个宴会马上变成了对这个小孩子的赞美会。富有的主人立刻宣布，他将出资给小孩请最好的老师，让他的天赋充分地发挥出来。安东尼奥很是喜出

望外。

西格诺·法罗列果真没有食言，但安东尼奥却没有被眼前的宠幸冲昏头脑，他仍然是一个纯朴、热心而又诚实的孩子，孜孜不倦地刻苦努力着，希望把自己培养成皮萨瓦门下一名优秀的雕塑家。也许有很多人并不知道安东尼奥是如何充分利用第一次机会展示自己才华的，然而却没有人不知道后来著名雕塑家卡诺瓦的大名，没有人不知道他是世界上最伟大的雕塑家之一。可以看出，一个机会对于一个人的影响是多么深不可测。

如果你觉得自己是个天才，如果你觉得“一切都会顺理成章地得到”，那可真是天大的不幸。你应该尽快放弃这种错觉，一定要意识到只有勤勉地工作才能使你获得展示自己的机会，才能得到自己所希望得到的东西，在有助于成长的所有因素中，勤奋并努力是最有效的。

虽然你一生中能获得机会的可能性还不到百万分之一，然而，当机会不经意间出现在你面前时，你就要赶快把握住机会，将它变成有利的条件。而你所需要做的事情只有一件：行动起来。

我们常说，是金子总要发光的，天才就是这样，无论处在什么样的位置，只要你能把握住机会，你能激发自己内心的潜力，你就能获得成功。

所以说，每个人都有很多优点和才能，这些优点便是促使我们走向成功的关键。等到我们能清晰地看到自己的特长，确信能在什么方面取得贡献时，便是开始迈向成功的第一步。相反，如果我们看不出自己的优点和才能，便像是个活生生被埋到坟墓里的人！

◎ 点燃内心的明灯

我们需要不断地点燃内心的明灯，只有我们内心的灯亮了，我们才能充分地认识自己，才能沿着我们的目标前进，才能不断地激发潜伏在我们内心深处的潜力。无论在何种情形下，我们都要不惜一切代价地激发自身潜能，让自己走上成功之路。我们要竭尽全力亲近那些了解自己、信任自己和鼓励自己的人，他们对我们日后的成功，具有不可忽视的巨大作用。我们更应该与那些努力要在世人面前有所表现的人接近，因为他们有着高雅的志趣和远大的抱负。我们接近那些坚持奋斗的人，他们会使我们在无意中受到感染，从而形成奋发向上的精神。当我们做得不够完美的时候，我们周围那些不断向上的朋友，就会鼓励我们更加努力，更加艰苦奋斗。看看我们自己吧！我们不是生活的弱者，我们同样是生活中的强者，我们都可以努力地做一个真实的自我，而且我们绝大多数人都有可能做得比现实中的自己更伟大。

我们要获得成功，需要准备的第一件事便是要排除一切限制、阻碍我们的东西进入我们的体内，我们要主动寻找那些使我们能够自由、和谐发展自己的境界。

我们的思想--旦闭塞，雄心一旦消沉，我们的志向就会因此被吞没，我们的希望就会因此化成泡影，我们前进的动力就会因此无影无踪。任何一个人无论在什么情况下，都要尽情地释放自己内心深处强

烈而伟大的激情，唯有释放并且运用自己的激情，我们才能挖掘自己的潜力，才能获得成功。

我们生活中的许多人受了限制却又不能摆脱束缚，我们所从事的工作与所谓的大事相比，其实我们还只是在做一些低劣的工作。因此，我们可以看出，阻碍我们事业成功的两点：一是没有做好第一手准备；二是不能摆脱束缚。

想一想，我们就会明白，在我们的生活环境中，那些胸怀大事、立大业的人到处都有，但有的人成功了，有的人却失败了，这是为什么呢？成功者主要是他们有着远大的理想、广阔的胸怀、丰富的经验、闪光的智慧，正是因为他们有了这些成功的素质，才使他们克服种种困难而走向了成功。他们又是怎么具备那些素质的呢？到底又是什么力量在支撑着他们努力奋进呢？答案是他们内心充满了志在成功的力量。

我们要做一个永远走在前面的人，只有这样，我们才能认识到自我实现意欲浓烈的人更容易超越自我；只有这样，我们才能认识到唯有奋斗，才能成功。因为我们努力了、奋斗了，我们才有了自由发展的空间，才有了坚强的自信，才能够摆脱各种各样的限制，为实现自己的理想找到捷径。

爱默生说：“我最需要的是有人让我做我力所能及的事情，而这正是表现自身才能的最佳途径。只要尽我最大的努力，发挥我的才能，那些拿破仑、林肯未必能做的事情，我就能够做到。”这就是说，只要我们能够认识自我，我们就能把存在我们内心深处的潜在能

量激发出来，并能利用起生命中最优良的素质，去实现自己的宏伟理想。

一个人到底有多大的潜能呢？美国心理学家威廉认为：一个普通人只运用了其能力的10%，还有90%的潜能可以挖掘。60年代，美国学者米德则指出人只使用了自身能力的6%。前苏联学者伊凡认为：“如果我们迫使头脑开足一半马力，我们就会毫不费力地学会40种语言，把苏联百科全书从头到尾背下来，完成几十个大学的必修课程。”

这就是说，我们大多数人体内酣睡的潜能一旦被激发，我们就能作出惊人壮举。当一个人激发了自己的潜在才能，找到了真正所谓的内心倾向，就使他本人的效率达到最大化。张其金在《潜能无限》的演讲中强调：“我们要注意我们自身潜能的激活，只有重视这一点，我们才能把自己的能力应用在各个工作环节上，从而实现价值最大化。也就是说，只有我们把自己的才能按照适用、能胜任和最有效率的原则分配在各个工作之中，我们才能体现出自己的创造能力。”

张其金曾经讲过一个故事，这个故事讲的是有一个叫卡萨尔斯的老人，他已经90多岁了，在这个年龄，他看上去非常衰老了，还有各种疾病在折磨着他，尤其是那令人疼痛难忍的关节炎更是折磨得他连穿衣服的能力都没有，每天早晨和晚上都需要有人帮助才能完成。

但是，令人感到诧异的一幕发生了，就在早餐前，他贴近了他最擅长的钢琴前。尽管他走起路来颤颤抖抖，头不时地往前颠。费了很大的劲才坐上钢琴凳，颤抖地把勾曲肿胀的手指抬到琴键上。

刹时，神奇的事发生了。卡尔萨斯突然完全像变了个人似的，透

出飞扬的神采，而身体也跟着开始动作并弹奏起来，仿佛是一位健康的、有力的、敏捷的钢琴家。

他那双有些肿胀、十根像鹰爪般勾曲着的手指也缓缓地舒展开来，并移向琴键，好像迎向阳光的树枝嫩芽，他的脊背直挺挺的，呼吸也似乎顺畅起来。这是什么原因造成的呢？这是由于弹奏钢琴的念头，完完全全地激发了潜藏于胸的能力。

当他弹奏钢琴曲时，是那么的纯熟灵巧、丝丝入扣，随着他奏起勃拉姆斯的协奏曲时，手指在琴键上像游鱼般轻快地滑过。

他整个身子像被音乐溶解，不再僵直和佝偻，代之以柔软和优雅，不再为关节炎所苦。在他演奏完毕，离座而起时，跟他当初就座弹奏时全然不同。他站得更挺，看来更高，走起路来也不再拖着地。他飞快地走向餐桌，大口地吃东西，然后走出家门，漫步在海滩的清风中。

从卡萨尔斯所激发出的潜能来看，我们可以看出，正是卡萨尔斯热爱音乐和艺术的激情，才使他的人生是如此的美丽，如此的高贵，如此的神奇。就因为他相信音乐的神奇力量，才使他改变得让人匪夷所思。而这一切的爆发，就是卡萨尔斯激发了心中的潜力，让他每日从一个疲惫的老人化为活泼的精灵。

说到底，这就是卡萨尔斯成功地开发了埋藏在内心深处的潜力，使他产生了巨大的力量，从而激发了每一个神经系统，使他进入了一个美好的生活状态之中。

所以说，潜能正是由于受到了外界的刺激，才使我们能感应到

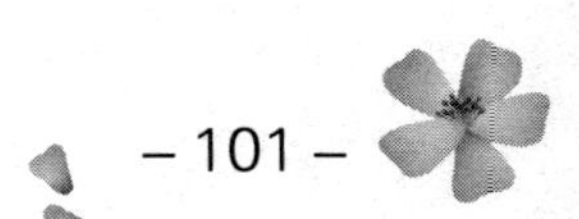

很敏锐的东西，才使自己的能量释放出来。一个人的才能一般源于天赋，而天赋又不会轻意地改变。但是，多数人深藏潜伏的志气和才干须借外界事物予以发挥。激发的志气如果能不断加以关注和培养，就会发扬光大，否则就会萎缩消失。因此，如果不能把人的天赋与才能激发并保持以至发扬光大，那么其潜能就会逐渐退化，最后失去它的力量。如果潜能一旦被唤醒，仍需要不断地教育和鼓励，诚如有音乐、艺术天赋的人必须注意培养和坚持一样。否则，潜能和才能，会像鲜花一样，容易枯萎或凋零。

假使我们有潜能而不想去实现它，那么，我们的潜能将不能保持一种锐利而坚定的状态，我们的天赋也将变得迟钝而失去能力。所以，在这里我不妨把爱默生曾经说过的一句话告诉大家，这句话就是："我最需要的，是一种能够使我尽我所能的人。"

◎ 激发自身的潜能

人的潜能犹如一座待开发的金矿，蕴藏无穷，价值无比，而我们每个人都有一座潜能金矿。但是，由于没有进行各种潜能训练，每个人的潜能从没得到淋漓尽致的发挥。并非大多数人命里注定不能成为“爱因斯坦”，只要发挥了足够的潜能，任何一个平凡的人都可以成就一番惊天动地的伟业，都可以成为一个新的“爱因斯坦”。

驰名中外的冠生园主人冼冠生出生在一个贫苦的家庭里，就是因为贫困，自幼便过早地饱尝了生活的酸甜苦辣。严酷的生活教给他许许多多如何做人和生活的道理，也练就了他有一个很高智商的头脑，同样也使他明白了一个人要想生存发展只能靠个人奋斗的真谛。

苦难的人生经历磨炼了冼冠生。在很小的时候冼冠生渴望着有朝一日能走出家门去闯一闯外面的世界，但苦于一直没有机会，改变他人生命运的一次机会终于在他15岁这一年降临了。一直盼望儿子日后有所作为能改变家里面貌的母亲得知她的一个亲戚从上海回家探亲，于是，她数次登门拜访，央求这位亲戚将冠生带出家门，让他也出去长长见识，找个活干干养家活口，谋求一个体面点的职业。去一次不答应就还去，这位亲戚经不住她的再三相求，就答应带着年仅15岁的小冠生到大上海闯世界。于是冼冠生开始了他艰难的谋生之路。

初次来到上海的小冠生在生居宵夜馆当了一名学徒。经过冼冠

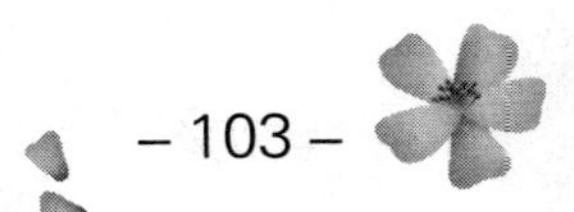

生的反复思考后，他觉得烹饪是一门独立谋生的好手艺。因此，他暗暗留心，勤学苦练，虚心求教，技术突飞猛进。他对人热情，慷慨大方，使不少在此学徒帮工的老老少少都很喜欢他，当时很多老厨师给他的评价就是“有悟性且勤勉”。

繁华似锦的大上海让冼冠生大开眼界，眼前的一切深深迷住了他。他在心中暗下决心，一定要在上海把自己的理想实现。

当过三年学徒的冼冠生已学到了一手高超的烹饪技术，而且他自幼过惯了苦日子，生活也相当简朴，所以他省吃俭用省下了一笔工钱。尽管这笔积蓄数目不大，但足以令冼冠生踌躇满志，而且他决定离开生居宵夜馆，独自去闯天下。而这也并非他所想象的那么简单，坎坷、困难重重都是对他的一次次考验。

起初由于他并不懂得管理，先后开办的几个宵夜馆，都失败了。一些亲戚朋友逐渐对他失望了，有的抱怨他，有的甚至嘲笑他，认为他根本就没有经商的头脑，不是经商的料。但冼冠生对这些风言风语视而不见，根本不在意，因为他坚信自己一定会取得成功的。

可是，冼冠生不得不面对这样一个现实：全家的生活很快就要陷入困境了，他不能坐吃山空，而必须先想办法来养活全家老小。冼冠生认定“人有一技之长，便可吃遍天下”的道理。于是，他捡起了自己熟悉的糕点技术。他考虑到摊贩生意本钱小、灵活性强，不仅可以在大街小巷设点，也可以到繁华地带随意设摊，于是他重新做起了摊贩生意。

就这样，他变卖了宵夜馆里的一些家当，凑足了钱，携全家在

上海一个偏僻的地方租了间廉价的旧亭子住下来，一家四口人挤在一起，把亭子既当卧室又当作坊，又开始了他的努力奋斗。

全家人在他的带领下起早贪黑，苦心经营，辛勤劳作。他和母亲、妻子在白天制作糕点、牛肉干、陈皮。晚饭后，他便挑着他的小吃担来到戏院门口摆摊。功夫不负有心人，别看冼冠生的摊小、生意不大，但他做生意有一个最大的优点就是讲信誉，因为他深知这对一个做生意的是多么重要。由于他做的糕点以料鲜味美、量足质优而闻名。这自然招来络绎不绝的新老顾客。每当灯戏结束以后，他的小摊总要被围个水泄不通，往往供不应求。同时，顾客既是上帝也是最好的商品广告，冼冠生的糕点名气随着时间的推移也越来越响，越传越远。而这些都为他后来的事业打下了坚实的基础。

就在冼冠生的生意蒸蒸日上时，他也已经成为很多人注意的焦点了。冼冠生发现有一个人每天都在盯着他和他的小摊生意。这人就是上海著名的京剧演员薛小青的大少爷薛寿龄。他发现冼冠生的经营越来越成熟，而且糕点制作精细，质量、信誉都有很好的口碑，于是，他决定和冼冠生合作，一起投资开店。薛家在上海滩一带不但很富有，并且具有相当高的社会地位和社会影响，与社会名流、达官贵人、政界要人，甚至包括三教九流在内都有一定的交情。薛寿龄是个豪爽侠义、胸怀大志的人，他早就有意投身商海，只是苦于没有中意的合作伙伴。现在看见冼冠生为人处事、经营管理都有过人之处，十分满意，于是便立刻主动上门和冼冠生商量，打算一起合作开店，并愿意负责门面店的购买，提供大量资金等。

冼冠生听了之后，觉得这是个很好的时机。他多年来一直耿耿于怀的就是在上海滩一无权势、二无资金，而这两样又是立足上海滩求发展所必不可少的条件，现在有人主动找上门来，冼冠生求之不得。自然两人一拍即合，于是爽快地答应了。马上决定筹资3000元共同开办冠生园食品店。薛寿龄考虑到日后发展顺畅，为了扩大生意，便又出面召集了四位大款朋友一起入伙合作。就这样，总共有五人出资，每人平均500元。冼冠生手头没有现钱，就先以家具作价500元入资。这就是人们耳熟能详的冼冠生凭借“500块钱起家”的由来，也是他凭借自己敏捷的头脑抓住了这次大好机遇，迈向了成功的圣殿。

所以说，要释放人的潜能，就需要进行潜能激发，让人进入能量激活状态。如果一个组织中所有成功的能量都处于激活状态，那么它可以带来核聚变效应。这正如张其金所说：“潜能激发的前提是相信所有人都具有巨大的潜能，而且这些潜能还没有被释放出来。虽然人们可能通过自我激励来开发潜能，但更可靠、更适用的方法是通过外因的激发带来能量的释放。因为自我激励需要坚强的意志力，而外因的激活则是人的一种本能反应，而且它的激发本身带有一种竞技游戏的效果，这种效果可能激发起我们的雄心，并使我们在一瞬间看到希望，激发起无限潜力，去追求成功的足迹。”

◎ 潜能是人类最大的宝藏

潜能是人类最大而又开发得最少的宝藏！无数事实和许多专家的研究成果告诉我们：每个人身上都有巨大的潜能还没有开发出来。美国学者詹姆斯根据其研究成果说：普通人只开发了他蕴藏能力的1/10，与应当取得的成就相比较，我们不过是半醒着的。我们只利用了我们身心资源的很小很小的一部分。

张其金在《赢在行动》一书中曾这样写道：“在特殊环境下，你常常会身不由己。你再聪明，人家也看不起你，你得用成功证明自己。人必须有一个精神寄托，人是为了一个精神而活着的，否则就会茫然，就会倒下。”

美国的印第安人，为了教导孩童应付森林中野兽侵袭的危险，从孩童年幼时就严格地训练他们，让他们学习勇敢与坚强的意志。大人把孩子带到森林里，把他绑在一棵树上，让他单独在森林中过一夜。孩子没有成人在旁，当然十分惧怕，大声呼喊、哭泣，但做父亲的并没有离他而去，只是躲在一旁，手里拿着枪，随时准备射击侵袭小孩的野兽。

有不少的时候，当我们遇见困难时，我们总希望神第一时间帮助我们解决，当我们呼救时，若没有什么改变，我们又认为神不理会我们或是丢弃我们。然而，神一直在我们身旁，成为我们的守护者，他

的迟延，只是叫我们有更好的训练，有更大的能力去面对将来更大的生活挑战。也许正是财富英雄们认识到了这一点，他们才会认为苦难是一笔重要的财富。在众多的财富英雄人群中，对缪寿良而言，正是因为他经历了苦难，才让他在创造财富的路上有了更多的感悟。

所以说，苦难在我们每个人身上都是一件活生生的事，就像树木每一刻都在生长一样，它会在阳光下日渐壮大，从雨水中得到滋润，经过暴风雨会更坚固地往下扎根。所以，心中愁烦的人哪！在一切的经历中要说：苦难能够让我们去重新认识自我。对于这种认识，在缪寿良的身上体现得淋漓尽致。缪寿良很关心自己的员工，身体力行。过去和员工在一起的时候，他抽烟，自己抽一支也要给他们一支，不会自己一个人抽。到过富源集团的人都会有这样一种强烈的感觉：这里是一个家。这个家是朴素的，从外面看，一座普普通通的九层高楼房，和左右的居民楼没有什么不同，走进楼里，朴素的风格依然如故。一年多时间未见的老部下事先不打个招呼就跑到公司里找缪寿良，他就是再忙，也会抽出十几分钟的时间和他们聊上几句，然后很抱歉地跟他们解释，现在有很多事情办，希望他们改天再来。

中国有句成语说，苦尽甘来。另一句又说，吃得苦中苦，方为人上人。这些都是鼓励人在面对苦难的时候要忍耐，要有个盼望。

是否每一个人都会苦尽甘来？吃得苦中苦的，是否必然成为人上人呢？事实上也不一定。苦难有的是人生必须面对的经历，苦后不一定甘来。

苦难，对于弱者是一个深渊，对于强者是一笔财富，对于智者是

一个台阶。

无所失去，也就更加无惧。没有当下的满足，也就更懂得眺望。

基督教徒也有苦难，在《圣经》中耶稣说："你们要谨慎，因为人要把你们交给公会，并且你们在会堂里要受鞭打，又因为我的缘故，站在诸侯与君王面前，为他们作见证，然而福音必须先传给万民。人把你们拉去交官的时候，不要预先思虑说什么，到那时候，赐给你们什么话，你们就说什么，因为说话的不是你们，乃是圣灵。弟兄要把弟兄、父亲要把儿子，送到死地，儿女要起来与父母为敌，害死他们。并且你们要为我的名，被众人恨恶，唯有忍耐到底的，必然得救。"

但是，对于众多的财富英雄们来讲，他们在面对苦难时，总是用自己的办法去解决，从来就不听天由命。但对基督徒来讲，就不这样。基督徒面对苦难，要依靠耶稣基督，把苦难当作福份。当应对信仰所遇的困难时，会有圣灵帮助你去应对。他们认为在面对苦难的时候，第一，要谨慎言行，不能掉入怨天尤人的境地，苦难的背后有上帝的祝福，可以帮助我们更紧紧地依靠耶稣，让我们的灵性长进，得到更大的帮助。第二，要信仰耶稣基督，他知道我们的苦难，会带我们走出苦难，同时圣灵在我们受迫害时会教导我们如何去应付。第三，要忍耐，靠着住在我们心灵里的圣灵，有足够的力量来忍耐苦难。许多人常常忍耐不住苦难，最后自杀。耶稣告诉我们，忍耐到底，必然自救。

这种说法也是有一定的道理的，我们不妨来看看综艺集团董事

长沓圣达、雨润集团的缔造者祝义才、杭州宋城的黄巧灵的致富经历时，我们就会发现成功与失败往往是在一瞬间决定的。在重重困难面前，如果你坚持了，可能就走上了成功之路。而如果你转身了，你可能就在庸庸碌碌中度过余生。

所以，世界顶尖潜能大师安东尼·罗宾告诉我们，任何成功者都不是天生的，成功的根本原因是开发了人无穷无尽的潜能。只要你抱着积极心态去开发你的潜能，你就会有用不完的能量，你的能力就会越用越强。相反，如果你抱着消极心态，不去开发自己的潜能，那你只有叹息命运不公，并且越消极越无能！

我们的生活也许正如下面这头驴子的情况，在生命的旅程中，有时候我们难免会陷入“枯井”里，会被各式各样的“泥沙”倾倒在我们身上，而想要从这些“枯井”中脱困的秘诀就是激发潜能，将“泥沙”抖落掉，然后站到上面去！只有这样，你才能渡过逆流而走向更高的层次。

有一天，一个农夫的一头驴子，不小心掉进一口枯井里，农夫绞尽脑汁想办法救出驴子，但几个小时过去了，驴子还在井里痛苦地哀嚎着。

最后，这位农夫决定放弃，他想这头驴子年纪大了，不值得大费周章去把它救出来，不过无论如何，这口井还是得填起来。于是，农夫便请来左邻右舍帮忙一起将井中的驴子埋了，以免除它的痛苦。

农夫的邻居们人手一把铲子，开始将泥土铲进枯井中。当这头驴子了解到自己的处境时，刚开始哭得很凄惨。但出人意料的是，一会

儿之后这头驴子就安静下来了。农夫好奇地探头往井底一看，出现在眼前的景象令他大吃一惊：

当铲进井里的泥土落在驴子的背部时，驴子的反应令人称奇——它将泥土抖落在一旁，然后站到铲进的泥土堆上面！

就这样，驴子将大家铲到在它身上的泥土全数抖落在井底，然后再站上去。很快地，这只驴子便得意地上升到井口，然后在众人惊讶的表情中快步地跑开了！

这头驴子真是了不起，它在面临死亡的时候，激发了自己的潜能。动物尚且如此，更何况是一个人呢！我们每一个人的身体内部都有这种天赋的能力，也就是说，我们每一个人都有创造的潜能。

安东尼·罗宾认为，不论有什么样的困难或危机影响到你的状况，只要你认为你行，你就能够处理和解决这些困难或危机。对你的能力抱着肯定的想法就能发挥出你的潜能，并且因而产生有效的行动。

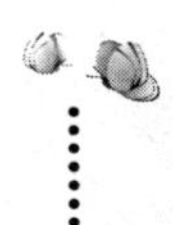

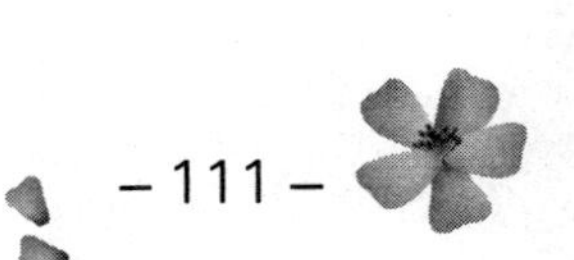

◎ 潜能是无穷无尽的

世上每个人都是不同的个体，而在每个人的身上也都蕴藏着一份特殊的才能，那份才能犹如一位熟睡的巨人，等着我们去唤醒它，而这个巨人就是潜能。上天决不会亏待任何一个人，上天会给我们每个人无穷无尽的机会去充分发挥所长。只要我们能将潜能发挥得当，我们也能成为爱因斯坦，也能成为爱迪生。无论别人对我们评价如何，无论我们年纪有多大，无论我们面前有多大的阻力，只要我们相信自己，相信自己的潜能，我们就能有所成就。

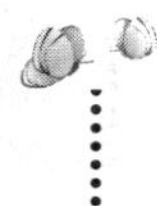

人们常说“智者无悔”、“勇者无限”。当机遇来到你面前，你只要用智慧去识别，有勇气去面对它，一个勇者的自信心是获得成功的关键。只有自己对自己有自信，才不会错失机会，最终走向成功。

一个留学生到了澳洲，好不容易找到一份工作。面试时主管问他：“你有车吗？你会开车吗？这份工作是离不开车的。”留学生忙说：“有，会。”其实，那个留学生连方向盘都没有摸过，他只是不想丧失这一绝好的机会。

于是主管说：“那好，一周后我们进行面试，请您开车前来。”留学生回去后就借钱买了辆二手车，第二天去学驾驶，第三天就开车上了路，第四天，沉着的开车去考驾照，第五天开着车绕悉尼城转了几圈，开得十分稳妥，一周后通过了面试。现在，凭着自己的努力，

他已经一跃成为澳洲电讯的业务主管。

其实，抓住机遇并不难，只要你有足够的勇气和自信，成功就是属于你的。面对机遇，我们不能犹豫，稍一犹豫机遇就会弃你而去，只要是你决定的事情就不要放弃，要有坚定不移的信念。

一个有12年养牛经验的人说过，他从来没有见过一头母牛因为草原干旱、寒冷、下冰雹而出现什么精神崩溃，也从不会发疯。面对现实，并不等于束手接受所有的不幸，只要有任何可以挽救的机会，我们就应该奋斗！但是，当我们发现情势已不能挽回了，我们就最好不要再思前想后，拒绝面对，要接受不可避免的事实。唯有如此，才能在人生的道路上掌握好平衡。诗人惠特曼说："让我们学着像树木一样顺其自然，面对黑夜、风暴、饥饿、意外与挫折。"

成功学大师卡耐基说："有一次我拒不接受我遇到的一种不可改变的情况。我像个蠢人，不断作无谓的反抗，结果带来无眠的夜晚，我把自已整得很惨。终于，经过一年的自我折磨，我不得不接受我无法改变的事实。"

记住该记住的，忘记该忘记的；改变能改变的，接受不能改变的。中国人主张"随遇而安"，便是在心理上自我调整，做到"处处是吉地"，便可以摆脱客观条件的限制，任何环境都能成功，这才是弹性大、适应力强的表现。一个人不可能总是生活在同一个环境中，即使是生活在同一个环境中，环境也会时常发生变化，如果不会适应环境的变化或者适应不了新环境，则只能被淘汰或归于失败。人必须能处于良好的环境，也能处于恶劣的境地，才不致为环境所困。我们

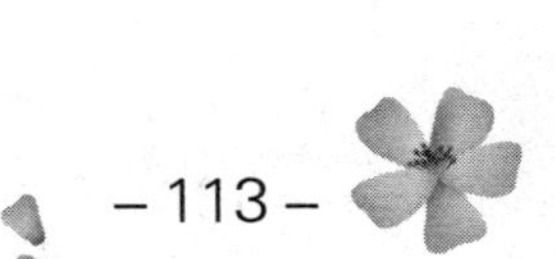

应该一方面改造环境，使其安全而舒适，一方面也要随遇而安，以欢愉的心情，来适应当前的环境。能够挑选环境的时候，不要错过机会，好好地挑选。不能挑选的时候，则抱着随遇而安的心情，照样愉快地生活下去，把工作做得很好，才是上策。

事实上，世界本来属于我们，我们只要抹去身上的灰尘，无限的潜能就会像原子反应堆里的原子那样充分发挥出来，我们就一定会有所作为，创造奇迹。

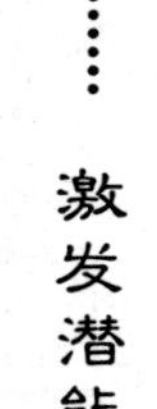

◎ 开发自身的潜能

有句话说得好，你自己的水要你挑，你自己的木材要你去砍。同样道理，你的潜能有待自己去开发。潜能激励专家魏特利曾经说过这样一句话："在开发潜能时，没有人会带你去钓鱼。"

我有一个朋友，他大学毕业没多久，就进入市里一家零售企业的人事部门做个小职员，因为是零售企业，人员需求很大，变动也很大，每天都有人离职，有人报到，这个对工资不满，那个对岗位不满，每天把他搞得心力疲惫。

这还不是最重要的，更令人痛苦不堪的是，我这位朋友所在公司的老板脾气很大，雷厉风行，一点儿事做不好就要被骂，每次开例会，公司的经理是被骂得最惨的。一出纰漏，每个部门都推说人手不够，忙不过来，工作做不完，反应了多少次也没招来人，就算招来了也多是些工作态度不好，不专业的人。他们为了推卸责任，总是把不是往我朋友所在的人事部门推。于是，老总指着经理鼻子骂，骂她办事不力，连个人都招不来，养着你干什么？经理每次都被骂得眼泪汪汪的，但为了生活，也只好承受着。

说到我这位朋友的人事部经理，算起来也是名牌大学毕业的，长得也漂亮，工作也挺认真的。为了招人，她经常不停地奔波在各大招聘会，网上网下的招聘工作也是由她负责，一刻都不敢松懈。每天她

忙得连喝口水的工夫都没有。即使这样，由于出不了成绩，面对老板的不满意，她只得另想办法。

过了一个月，我这位朋友的经理好像变了一个人一样，她显露出一副和蔼可亲的样子，说话也很和气，从不发脾气，好像没什么烦恼似的，工作也不是很用心，她不去招聘会，不看招聘报纸，每天一杯茶，悠哉游哉的。见领导如此，部下都为她担心，一直认为，这样下去还不被老板骂死。可奇怪的是，来应聘的人络绎不绝，很多都是有经验的，很有实力，其他部门的经理也很满意。就连公司一直空缺的财务总监也招来了，原先来应聘的人老板总是挑三拣四的，这次，二话不说收下了，真是让我们刮目相看。不知道经理是怎么做到的？有一次，部门聚餐，借着酒劲，属下问经理为什么会有如此改变，到底有什么秘诀。经理"哈哈"一笑，笑眯眯地说："其实，当领导也是有学问的，在职场上，想要成功不只是要靠努力，还要有策略，有智慧，只知道低着头做事是不行的。有时候，只要找对方法就可以事半功倍了，不然，累得半死还不讨好。"

当然，实际情况并没有这位经理说的这么轻松，而是她经历了老板责骂之后，她不断激发自己的潜力，想出了一个很好的办法，这个办法就是用悬赏招聘的方式，最终为公司招到了合适的人。

由此可见，一个人要想挖掘自己的潜力，真正需要唤醒的是自己。我们每个人都应当尽可能地挖掘自身的潜能，激发自己的雄心壮志。因为潜能是导致我们成功或失败的重要原因。只要我们能够认识到这一点，就会询问自己的行为是否对社会、对他人或对自己有益，

是否能让一个人在自主选择的过程中，不断超越自己，并由此获得最大的快乐。当然，这一切都需要我们去不断地努力，只要我们每天多做一些，就是在开始进步，为自己不断地增加力量。就像举重一样，第一天我们拿较轻的，然后第二天稍微增加一点重量，我们就用这种不断增强力量的办法来帮助自己，直到我们能够对自己的人生操控自如。

魏特利有幸在年少时，便学会了自立自强。他父亲在“二战”时身在国外，当时他九岁，是家中长子。他住在圣地亚哥，他家附近有一个陆军制空炮兵团。驻扎的士兵和他成了好友，以消磨无聊的闲暇时间。他们会送魏特利一些军中纪念品，像陆军伪装钢盔、枪带及军用水壶，魏特利则以糖果、杂志，或邀请他们来家中吃便饭，作为回赠。当时大家都是如此。魏特利的家并不富裕，无法供应丰盛的食物，但基本上衣食无缺。他们从未饿着肚子上床，他母亲总是使仅有的几件衣裳，洁净如新。

魏特利永难忘怀那一天，从那一天之后起，他明白了这个道理：在开发潜能时，没人会带你去钓鱼。他回忆道：“那天我的一位士兵朋友说：‘星期天上午五点，我带你到船上钓鱼。’我雀跃不已，高兴地回答：‘哇哈！我好想去。’我甚至从未靠近过一艘船，我总是在桥上、堤上，或岩石上垂钓。眼看着一艘艘船开往海中，真令人羡慕！我总是梦想，有一天我能在船上钓鱼。噢，太感谢你了！我要告诉我妈妈，下星期六请你过来吃晚饭。”

周六晚上我兴奋地和衣上床，为了确保不会迟到，还穿着网球

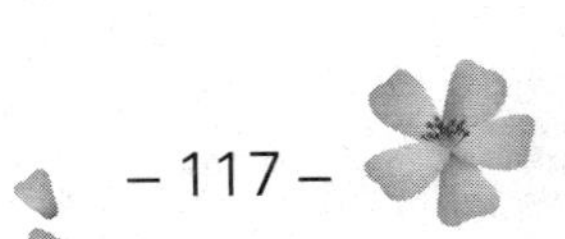

鞋。我在床上无法入眠，幻想着海中的石斑鱼和梭鱼，在天花板上游来游去。清晨三点，我爬出卧房窗口，备好鱼具箱，另外还带备用的鱼钩及鱼线，将钓竿上的轴上好油。带了两份花生酱和果酱三明治。四点整，我就准备出发了。钓竿、鱼具箱、午餐及满腔热情，一切就绪——坐在我家门外的路边，摸黑等待着我的士兵朋友出现。

但他失约了。

那可能就是我一生中，学会要自立自强的关键时刻。

我没有因此对人的真诚产生怀疑或自怜自艾，也没有爬回床上生闷气或懊恼不已，向母亲、兄弟姊妹及朋友诉苦，说那家伙没来，失约了。相反的，我跑到附近空地上的售货摊，花光我帮人除草所赚的钱，买了那个上星期在那儿看过、补缀过的单人橡胶救生艇。近午时分，我才将橡皮艇吹满气，我把它顶在头上，里头放着钓鱼的用具，活像个原始狩猎队。我摇着桨，滑入水中，假装我将启动一艘豪华大油轮，航向海洋。我钓到一些鱼，享受了我的三明治，用军用水壶喝了些果汁，这是我一生中最美妙的日子之一。那真是生命中的一大高潮。”

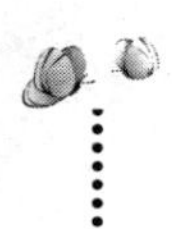

魏特利经常回忆那天的光景，沉思所学到的经验，即使是在九岁那样稚嫩的年纪，他也学到了宝贵的一课：“首先学到的是，只要鱼儿上钩，世上便没有任何值得烦心的事了。而那天下午，鱼儿的确上钩了！其次，士兵朋友教给我了，光有好的意图并不够。士兵朋友要带我去，也想着要带我去，但他并未赴约。”

然而对魏特利而言，那天去钓鱼，却是他最大的希望，他立即

着手设定目标，使愿望成真。魏特利极有可能被失望的情绪所击溃，也极有可能只是回家自我安慰：“你想去钓鱼，但那士兵哥们没来，这就算了吧！”相反的，他心中有个声音告诉他：仅有欲望不足以得胜，我要立刻行动，要自立自强，自己开发属于自己的那一片沃土——潜能。

◎ 发挥自身潜能的力量

每一个人，即使是创造了辉煌成就的巨人，在他的一生中，利用自己大脑的潜能也不过1/10。

人类的大脑是世界上最复杂、也是效率最高的信息处理系统。别看它的重量只有1400克左右，其中却包含着100多亿个神经元；在这些神经元的周围还有1000多亿个胶质细胞。人脑的存储量大得惊人，在从出生到老年的漫长岁月中，我们的大脑足以记录每秒钟1000个信息单位。

现代科学研究表明，像爱因斯坦那样伟大的科学家，只用了自己大脑的1/10的功能，绝大部分脑细胞仍处于待业状态。而人脑不同于机器，使用久了会有磨损。而人脑是越用越好用，就像有人学外语，一旦掌握了一两门外语，再学第三门外语就会容易许多。人在一生中，仅仅运用了头脑能力的1/10；也就是说，还有9/10的头脑潜能白白浪费了。而最新的研究更进一步指出，以前人们对头脑的潜能估计太低，我们根本没有运用头脑能力的1/10，甚至连1/100也不到。因而，安东尼·罗宾毫不夸张地说，人脑的潜能几乎是无穷无尽的！

医学在发展之初，所作的主要研究不外乎是病理的分析、归类，以及处理病理的方法，随着知识渐增，慢慢有了预防医学，最后才对“健康的人”发生兴趣。很多研究刚开始的时候都是分析、处理病理

方面的问题，及至具有了某种知识水准和技术之后，就发现要想深入了解人，必须研究健康的人才行。事实上，研究健康的人也是发挥人的潜能的唯一途径。

人类正处于进一步发展的转折点上。人类进一步的发展，有赖那些承认“人只发挥了极小部分潜能”的行为科学家来领导。这种发展引发了当代最具挑战性的问题：如何才能帮助人发挥潜在的9/10的潜能？人究竟有哪些潜能？

人类潜能是一个比较新的研究领域，在这个领域内急需建立基本的研究框架，同时敢向勇敢的先锋科学家挑战。当今是个心理学的时代，心理学的新趋势是注重“如何帮助健康的人发挥潜能”，一般的有识之士对这个主题也都非常感兴趣。

研究人类潜能不仅激发了科学家和一般人的兴趣，未来的远景也有重大的意义。探索人类潜能可以作为广泛的训练计划的基础，也可以满足各种领域的不同需要。长久以来，人们一直致力于寻求整个科学的有系统、有组织的原理，研究人类潜能很可能找到这个问题的答案。世界各国对于研究人类潜能重视的程度不同，从前苏联1964年发表的官方消息可以看出，前苏联的行为科学家极为重视人类潜能的研究。

人类学、心理学和生理学、逻辑学的最新发现证实，人具有巨大的潜能。

著名的前苏联学者兼作家伊凡·业夫里莫夫指出：“一旦科学的发展能够更深入了解脑的构造和功能，人类将会为储存在脑内的巨大能力所震惊。人类平常只发挥了极小部分的大脑功能，如果人类能够

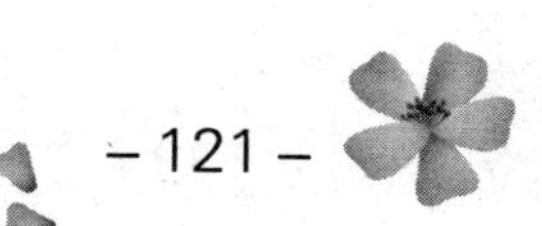

发挥一半的大脑功能，将轻易地学会40种语言，背诵整本百科全书，拿12个博士学位。”这种描述并不夸张，而是一般人所接受的观点。

如何发挥这种巨大的潜能呢？这是一个牵涉既广而又复杂的大问题。同一消息指出，一些十分优秀的前苏联科学家曾积极研究人类潜能的因素，以及如何发挥人类潜能。加州大学洛杉矶分校研究脑的爱迪博士及其同事也从事相同的研究；他们对人类潜能都抱着乐观的态度。他们最近的研究发现，脑的功能非常微妙、复杂，几乎无所不能，并且提出了一个令人难以置信的假设：“就实用的目的而言，脑的创造力是无穷无尽的。”如果神经学和心理学的发展能够使脑的功能完全发挥，会有什么后果呢？会不会有些国家偷偷地利用这种发现使其科学家和政治家发挥超天才式的能力，影响政治家所谓的“权力平衡”呢？

从上述的两位科学家的联合研究可以看出，积极研究人类潜能的重大意义。在哈佛大学及史密斯桑尼亚天文台研究的美国科学家沙冈博士和在史坦贝尔格天文研究院研究的前苏联科学家沙可洛夫斯基作了一个惊人的推断：银河系中可能有一百万个相当进步的文明存在。沙冈博士估计，像地球这样的行星，每隔一千年，便会有外太空文明中的“人”造访。沙可洛夫斯基更进一步指出，沙冈博士所作的估计太保守了。

这两位受人尊敬的科学家的推测，使以往被视为无稽之谈的事变为可能的事。如果的确有外太空人存在，我们这辈子很可能就会碰上。为了整个人类的生存，我们必须发挥潜能。

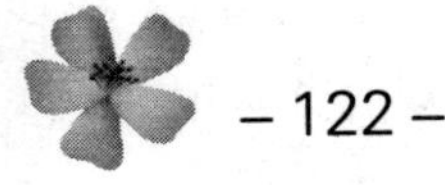

◎ 潜能的激发往往产生于不起眼的事情

海尔集团董事局主席张瑞敏曾说过："把每一件简单的事做好就是不简单；把每一件平凡的事做好就是不平凡。"

老子说："合抱之木，生于毫末；九层之台，起于累土；千里之行，始于足下。"任何的大事都是由一点一滴的小事组成的，没有红砖黑瓦就没有高楼大厦，没有螺丝螺帽就没有现代工业，没有基层员工就没有跨国公司，任何一个细节，一件小事都应该让我们认真地对待，全力以赴地做好。

日本是第二次世界大战的战败国，战后的日本经济一片萧条，许多中小型企业纷纷破产，大多企业只好关门大吉。其中，一家水果店也受到很大冲击，老板惨淡经营，举步维艰。

但是水果店老板很有经济头脑，他不甘心就此失败。经过一番苦思冥想，他想出了一个绝好的办法。老板派人去苹果产地预先订购一些苹果，在成熟以前用标签贴在苹果上，当苹果完全变红之后，揭下标签纸，苹果上就留下了一片空白。

水果店老板从客户名录中挑选大约200名订货数量较多的客户，把他们的名字用油性水笔写在透明的标签纸上，请人一一贴在苹果的空白处，然后送给客户。结果几乎所有的客户都对这种苹果感到惊讶，并且十分感动。因为客户们认为商店真正把他们奉为上帝、放在心上了。

这种馈赠活动是很常见的，送给每个客户一两个本地产的苹果，实际上花不了多少钱。但顾客接到这一礼物都十分感激，其效果不亚于送了一箱苹果。因为这一两个颇富人情味的苹果，客户们记住了这一家水果店。

很快，这家水果店的水果销售量大增，顾客盈门，而且还扩大了门面。

一定不要忽视每一个小小的富有人情味的小事和举动，或许那正是我们人际关系和事业成功的关键。

当力量的天平处于平衡状态的时候，一只蚂蚁的重量就有可能改变整个天平的方向。一件小事的作用往往不是事先能够预测的，就好比水果店的老板，他或许并不清楚这个小小的举措到底可以带来多大的效果，又或许是因为生意太差才迫使他想出这样的办法。但正是因为这件别人没有看到，或是看不起的小事，让力量的天平开始导向了自己这边，借此抓住时机，扩大了自己的规模，把对手远远地甩在身后。

把小事做好，对企业的发展有着同样重要的作用。就像一个有许多齿轮组成的传动链一样，其中任何一个齿轮出现故障，那么这个系统就会停止运动。所以，我们要把每个齿轮都做好，注重每一个细节，决不能因为一件小事，而坏了我们的大事。一个企业也是如此，企业里的哪一个部门如果有了缺陷，就会影响整个公司。如果销售部门看不起小事，使顾客对其服务不满意，即使别的部门把产品做得再好，顾客也不愿意再买，产品就不可能获利，企业就会垮掉；如果生产部门看不起小事，使产品出了毛病，即使刚开始能销售一些产

品，但当人们使用后，发现问题，也会纷纷要求退货，使企业陷入困境……

李嘉诚就是一个十分注重每一件小事和一个细节的人，也正是这种注重细节的习惯，使得他创业以来从未在一年当中遇到过亏损。即使是在石油危机、亚洲金融风暴的时候，也能平安度过。

有一天李嘉诚去一个酒会时，他听到两个外国人在讲话。其中一个人说："中区有一个酒店要卖。"另一个就问："卖家在哪里？"也许是因为他们知道酒会里太多人知道不好，第一个说话的人犹豫着说："在德州。"李嘉诚听到后就知道是希尔顿酒店，他立刻打电话给他的一个董事，因为那个董事是稽核那一行的，刚好他又和卖家是好朋友。在酒会还没结束时，李嘉诚就跑到那个卖家的会计师行（卖方代表）那里去了。

到了卖方的办公室，看到卖方的稽核，李嘉诚就说："我要买这个酒店。"卖方说："我感到很奇怪，我们是两个小时前才决定卖出希尔顿酒店的，你是怎么知道的？"而李嘉诚只是说："如果你有这件事，我就要买。"之后，李嘉诚如愿地买到了希尔顿酒店。

其实在当时，李嘉诚早已估计到：全香港的酒店在两三年内租金会直线上涨，而卖家又是一个在西里岛拥有凯悦饭店的上市公司，就算只计算希尔顿饭店的资产，李嘉诚就买得值。

正是由于李嘉诚没有忽略这些看似不起眼的小事，他才会在没有人知道的情况下，迅速地买下希尔顿饭店。由于他在酒会中注重细节，听到两个外国人的讲话，才能在第一时间得到有价值的信息。由

于掌握了决定性的资料，而且没有人知道，也就没有竞争，只有他一个人买，才能这么顺利地以合理的价格买下希尔顿饭店。在酒会上还有许多的成功人士，他们怎么没有听到那两个外国人的讲话，使他们错失良机呢？那是因为他们不在乎这件小事，而李嘉诚已经把注重细节当成了一种习惯，使得他在没有竞争对手的情况下，成功地买下了希尔顿饭店，使自己的事业更上一层楼。

了解细节，掌握信息，做好每一件小事。等到机会还未来临时，你就已经做好了准备，你也会在第一时间出击，以迅雷不及掩耳的速度抓住机会。我们应该迅速地吸取经营行业最新的知识、最准确的技术和一切与行业有关的市场动态及讯息，并在实施过程中注重每一件事情，使自己能轻而易举地在竞争市场中处于有利位置，这样我们才能够成功。

生活中总是有些人在抱怨自己没有施展的空间，认为自己天生就是做大事的人，很多的小事都看不到眼里去。但是为什么像李嘉诚、张瑞敏这样真正成功的人士却把一件小事看得如此重要呢？因为他们明白，所谓的大事，不过是若干小事的结合体，认真地把每一件小事做好，大事自然成矣，图难于其易，为大于其细；天下难事，必作于易，天下大事，必作于细。看不起小事的人，往往心态比较浮躁，容易急功近利，这是在通往成功道路上的最大的障碍。

万丈高楼平地起，脚踏实地地做好每一件事，过好生活中的每一天，这就是成功的金钥匙！

有一只青蛙想跳上一座很高的山看风景，但是山顶很高，他一直

没有勇气去攀登，有一天一只蚂蚁问他："你为什么不上去呢？"青蛙沮丧地回答说："太高了，我肯定不行。"蚂蚁回答道："那如果你一格一格地跳呢？"青蛙听了之后突然明白了，没多久就登上了山顶。

现在的你是青蛙，还是蚂蚁？

◎ 实践激发潜能

只有实践才能激发潜能，从火车发明者史蒂芬逊来看，其创造来自实践。他从未在学校受过教育，8岁给人家放牛，13岁就跟父亲到大煤矿干活。起初当蒸汽机司炉的副手，擦拭机器，别人修理机器时他细心观察，了解它的构造和功能。由于他刻苦学习，长时间积累，产生了许多智慧，掌握了相当熟练的技巧。

一天，煤矿里一辆运煤车坏了，机械师们修理好长时间还不能使用，史蒂芬逊自告奋勇地要求修理。他平时摆弄过很多机器，已了解到这种运煤车构造上容易出毛病的地方。于是，他从容不迫地拆开，调整好出毛病的地方，再照原样装配好，运煤车果然开动起来了。通过这件事，他很快升任机械修理匠，直至机械工程师。

像史蒂芬逊这种善于开发潜能的人能从学习、生活和工作中吮吸养分，滋润、充实自己，即所谓“不积小流，无以成江海；不积跬步，无以至千里”。

做事的秘诀是什么？安东尼·罗宾告诉我们，督促我们去运用这个秘诀的座右铭是：现在就去做。

“种下行动就会收获习惯；种下习惯使会收获性格；种下性格便会收获命运”，心理学家兼哲学家威廉·詹姆士这么说。他的意思是——习惯造就一个人，你可以选择自己的习惯，在使用座右铭时，

你可以养成自己希望的任何习惯。

在说过“现在就去做”以后，只要一息尚存，就必须身体力行。无论何时必须行动，“现在就去做”从你的潜意识闪到意识里时，你就要立刻行动。

请你养成习惯，先从小事上练习“现在就去做”，这样你很快便会养成一种强而有力的习惯，在紧要关头或有机会时便会“立刻掌握”。

比方说，你有个电话应该打，可是你总是拖拖拉拉，而事实上你已经一拖再拖。如果这时那句“现在就去做”从你的潜意识里闪到意识里：“快打呀！请你立刻就去打吧。”

或者，你把闹钟定在早上六点，可是当闹钟响起时，你却觉得睡意正浓，于是干脆把闹铃关掉，倒头再睡。如果这种情况继续下去，你将来就会养成习惯。假使你的潜意识把“现在就去做”闪到意识里，你就不得不立刻爬起来不睡了。为什么？因为你要养成“现在就去做”的习惯呀！

魏尔士先生就因为学到做事的窍门，而成为一个多产作家。他决不让灵感白白溜走，想到一个新意念时，他立刻记下。这种事有时候会在半夜里发生，没关系。魏尔士立刻开灯，拿起放在床边的纸笔飞快地记下来，然后继续睡觉。

许多人都有拖拖拉拉的习惯。因此，就误了火车，上班迟到，甚至更严重——错过可以改变自己一生，使他变得更好的良机。

所以，要记住：“现在”就是行动的时候。

行动可以改变一个人的态度，使他由消极转为积极，使原先可能糟糕透顶的一天变成愉快的一天。

卓根·朱达是哥本哈根大学的学生，他就是这样做的。有一年暑假他去当导游。因为他总是高高兴兴地做了许多额外的服务，因此几个芝加哥来的游客就邀请他去美国观光。旅行路线包括在前往芝加哥的途中，到华盛顿特区作一天的游览。

卓根抵达华盛顿以后就住进“威乐饭店”，他在那里的账单已经预付过了。他这时真是乐不可支，外套口袋里放着飞往芝加哥的机票，裤袋里则装着护照和钱。后来这个青年突然遇到晴天霹雳。

当他准备就寝时，才发现皮夹不翼而飞。他立刻跑到柜台那里。

“我们会尽量想办法。”经理说。

第二天早上仍然找不到，卓根的零用钱连两块钱都不到。自己孤零零一个人呆在异国他乡，应该怎么办呢？打电报给芝加哥的朋友向他们求援？还是到丹麦大使馆去报告遗失护照？还是坐在警察局里干等？

他突然对自己说：“不行，这些事我一件也不能做。我要好好看看华盛顿。说不定我以后没有机会再来，但是现在仍有宝贵的一天呆在这个国家里。好在今天晚上还有机票到芝加哥去，一定有时间解决护照和钱的问题。”

“我跟以前的我还是同一个人。那时我很快乐，现在也应该快乐呀。我不能白白浪费时间，现在正是享受的好时候。”

于是他立刻动身，徒步参观了白宫和国会山庄，并且参观了几

座大博物馆，还爬到华盛顿纪念馆的顶端。他去不成原先想去的阿灵顿和许多别的地方，但他看过的，他都看得更仔细。他买了花生和糖果，一点一点地吃，以免挨饿。

等他回到丹麦以后，这趟美国之旅最使他怀念的却是在华盛顿漫步的那一天——如果他没有运用做事的秘诀，就会白白溜走那一天。“现在”就是最好的时候，他知道在“现在”还没有变成“昨天我本来可以”之前就把它抓住。

这里顺便把他的故事说完吧，就在出事的那一天，过了五天之后，华盛顿警方找到他的皮夹和护照，并且送还给他。

总之，如果下定决心立刻去做，往往会激发潜能，往往会使你最热望的梦想实现。孟列·史威济正是如此。

史威济非常喜欢打猎和钓鱼，他最喜欢的生活是带着钓鱼竿和猎枪步行50里到森林里，过几天以后再回来，精疲力尽，满身污泥而快乐无比。

这类嗜好唯一不便的是，他是个保险推销员，打猎钓鱼太花时间。有一天，当他依依不舍地离开心爱的鲈鱼湖，准备打道回府时突发异想。在这荒山野地里会不会也有居民需要保险？那他不就可以一边工作一边又有户外逍遥了吗？结果他发现果真有这种人：他们是阿拉斯加铁路公司的员工。他们散居在沿线五百里各段路轨的附近，他可不可以沿铁路向这些铁路工作人员、猎人和淘金者拉保呢？

史威济想到这个主意的当天就开始积极计划。他向一个旅行社打听清楚以后，就开始整理行装。他没有停下来让恐惧乘虚而入，自己

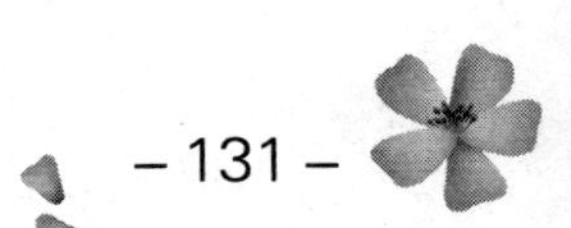

吓自己会使以后认为自己的主意变得很荒唐，以为它可能失败。他也不左思右想找借口，他只是搭上船直接前往阿拉斯加的“西湖”。

史威济沿着铁路走了好几趟，那里的人都叫他“步行的史威济”，他成为那些与世隔绝的家庭最欢迎的人。同时，他也代表了外面的世界。不但如此，他还学会理发，替当地人免费服务。他还无师自通地学会了烹饪。由于那些单身汉吃厌了罐头食品和腌肉，他的手艺当然使他变成最受欢迎的贵客啦。而同时，他也正在做一件自然而然的事，正在做自己想做的事：徜徉于山野之间，打猎、钓鱼，并且——像他所说的——“过史威济的生活”。

在人寿保险事业里，对于一年卖出100万元以上的人设有光荣的特别头衔，叫作“百万圆桌”。在孟列·史威济的故事中，最不平常而使人惊讶的是：在他把突发的一念付诸实行以后，在动身前往阿拉斯加的荒原以后，在沿线走过没人愿意前来的铁路以后，他一年之内就做成了百万元的生意，因而赢得“圆桌”上的一席地位。假使他在突发奇想时，对于做事的秘诀有半点迟疑，这一切都不可能发生。

“现在就去做”可以影响你生活中的每一部分，它可以帮助你去做该做而不喜欢做的事；在遭遇令人厌烦的职责时，它可以教你不推拖延宕。但是它也能像帮助孟列·史威济那样，这个刹那一旦错过，很可能永远不会再碰到。

请你记牢这句话：“现在就去做！”

◎ 下定决心去做

常常听到人们这样说：“哎，像我这样的人，肯定是一无所成。”

“哎，别胡思乱想了，我们公司最有前途的人就是那些既年轻，又有学历的人。”

“哎，我这样的人还能抓住什么机会？压力如此之大，还是随大流吧！”就是由于这些诸如此类的思想限制了人类的潜能。

张其金说：“在我们的人生旅程中，决定我们命运的是决心，而不是环境。如果一定要，我们一定能够找到方法。决心，表明没有任何借口。改变的力量源自于决心，人生就注定于我们作出决定的那一刻。只有决定一定要成功，潜能才能被激发。我们到底是想成功还是一定要成功，要成功就立即采取行动。”

富兰克林在自己的人生信条里对决心有着自己的见解。在富兰克林看来，要做之事就要下决心去做，决心做的事一定能完成。因为富兰克林知道，决心的价值在于下定这个决心所需要的勇气。在某种情况下，作出一个伟大决定，往往是冒着死亡的危险而作出的。

林肯决定发表著名的《奴隶解放宣言》这一个使美国黑人获得自由的讲话时，已经充分预料到，这一举动将使成千上万的朋友和本来拥护他的人转而反对他。

苏格拉底宁可服毒，也不肯背叛自己，这是一个勇敢的决定，他将历史向前推进了1000年，并赋予未来的人们以思想和言论的自由。

李将军在决定脱离美联邦，站到南方这边来的时候，表现出了超常的勇气。因为他知道，这个决定可能要使他付出生命的代价，也可能要牺牲别人的生命。

每个人都不愿自己过一种平庸的生活，而是希望能够凭借自己的能力，从下到上，从低到高，成为出人头地者。但是，作为一个人来说，他想做什么样的人，是由他的选择和所下的决心决定的，只有他们在对自我发展时，作出正确的选择，把目光盯在远处，激发自己进取的力量，不满足于享受已有的东西，始终靠自己出人头地的能力，想大事，做大事，那么，他就一定会实现自己拯救自己的成功之路。

还在我上学的时候我便产生了一个愿望，希望能写一本小说，因为在我读过一些著作之后我被那美妙的文字所打动。多想有一天我可以以文字来与别人分享自己的内心，是的，我在等待时机。我知道要达到这个目标自己除了对文学感兴趣之外，还必须要作出许多的努力与积累。我对自己的朋友们说出了这个愿望，并付诸行动，从一首首短诗到一篇篇散文，我的作品从学校的板报上终于登上市级的杂志，我知道我离目标又近了一步，直到现在我写这本书。我知道对于我而言，它意味着什么，当然我不会忘记自己那个最初的愿望，写一部小说。

我们当中的许多人认为自己不是有经验的失败者，就是无经验的胜利者。其实，我们在有经验的失败者与无经验的胜利者之间作抉

择。我们可以成为胜利者，获胜的经验愈多，就愈具备胜利者的特征。当我们全力以赴时，不管结果如何，我们都是赢了。

一般而言，人生中的许多事情我们是能够做到的，只是我们不知道自己能够做到，但如果我们坚持前进，就能做到。换句话说，就是想法决定我们的生活，我们有什么样的想法，就有什么样的未来。我们永远也不要消极地认定什么事情是自己不可能做到的。首先我们要认为自己能，要去尝试、再尝试，最后才会发现自己确实能。

这是从做人的角度来看的。如果从经营企业的角度来看，我们同样会发现这样的问题。

所以说，想到才能做到。有了这种观念，我们就会相信，一个成功的企业，应该是一棵参天大树，铁的枝干同时朝着理想的天空和现实的土壤伸展。只看眼前固然小肚鸡肠，但理想总也够不着。曾经的雄心和自信则会渐渐消逝于无形，凡事浅尝辄止，遇难而退，最终一事无成，湮没在滚滚的市场红尘中。

一个成功的企业，应该学会把理想拉近，应该有着一种强烈的欲望，而把这种欲望变成现实是有可能的。所以说，当你在寻找这种方法时，不要期待奇迹的出现；你只能发现永远不变的自然法则。有信心和有勇气去应用这些法则，就会从中受益。

◎ 发展潜能，实现自我

我们知道，自20世纪80年代以来，人本主义运动得到了进一步深化。其内部，主要是以马斯洛和罗杰斯为一方的自我实现说，和以罗洛梅及其他存在主义心理学家为另一方的自我选择说。

在马斯洛逝世以后，罗洛梅和罗杰斯关于人性问题开始了公开辩论，罗洛梅不同意罗杰斯关于恶是环境造成的说法。他认为，恶和善都存在于人的本性中，都是人的潜能，对人本主义来说，不正视恶的问题将会对其产生很深的、很有害的影响。

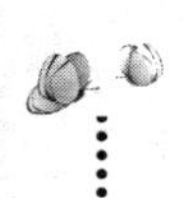

此外，代表人本主义心理学主流的自我实现理论，也有不同的发展趋向。罗杰斯一派仍坚持以个体心理为中心的研究，但另一些人已开始研究超个人的心理学，探讨个体意识如何超越自身而同广阔的世界相融合。

马斯洛心理学，特别是马斯洛晚年的著作，为超个人心理学奠定了理论基础。他关于自我实现的人以及超越者的人格特征的研究，促进了心理学对意识状态的经验研究。他在晚年时期修订的需要层次模型，是当代超个人发展理论的先导。在当时，马斯洛将这种需要层次理论应用到工商管理、宗教、哲学和政治等领域，为后来超个人心理学的应用研究开辟了道路。

对于建设方法论，马斯洛曾提出，传统的科学方法不足以解决人

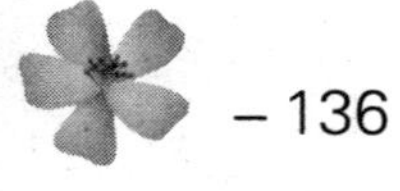

类心理的复杂问题，人本主义方法论不排除传统的科学方法而是扩大科学研究的范围，以解决过去一直排除在心理研究范围之外的人类信念和价值问题。

其实在20世纪70年代末，就已出现一种以科学方法论加强人本主义心理学的尝试，代表人物是里奇克。他认为，人本主义重新把目的论引进心理学是以新的范式取代旧的范式，但必须以辩证方法和严密逻辑，增强人本主义心理学的科学性，才能完成这一转变。

在马斯洛的基本需要理论中，提出了“自我实现”作为最高目标。所谓的自我实现就是“一个人想要让自己变得越来越像人本来的样子”。换句话说，人在成长的过程中会有一种需要，也就是需要变得“真的像一个人”。

由此我们可以看出，人除了需要身体方面的发育成长以外，还会希望心智方面也慢慢发展成熟，而成为一个“真正的人”。

要让心智趋于发展和成熟，必须不断地吸收知识，同时使自己能够具备审美和主动选择的能力。这一方面逐渐发展成功之后，就要更上一层，往心智方面发展，让自己具有丰富的爱心，可以表现出关怀别人、公正无私等高贵的情操。这就是马斯洛对于自我实现的基本构想。

马斯洛曾说：“一个人能够做成什么样的事，他就必须成为什么样的人。”也就是说，一个人是什么，不再是从他的过去或潜意识来看，而是从能力来看，因为人有潜能需要被实现。一个人如果能够不断地发展潜能，他的理想也将永无止境。

我们不需要问："人是什么？"因为这个问题没有标准答案。提出这个问题，等于是把人局限在某种情境下静止不动，然后研究其表面的身体、感官、行为，以及生物性的刺激反应、条件反射，如此而已。

但是，我们必须问的是："人应该成为什么？"因为这意味着一种潜能，代表着渴望去实现正面的目标。

◎ 每个人都是幸运的

在现实生活中，我们总是能够在网络上、电视上，或者亲朋好友和同事那里，听说某某地方又出现了一个小明星，小小年纪就成了名人，可以说，人尽皆知，而且一时间名利双收；我们也时常会看到有些刚刚毕业的大学生一参加工作就年薪十几万，不费吹灰之力就较早地拥有了豪宅名车；也看到有些人二十几岁就当上了老板，拥有资产上亿元，成了年轻人中的佼佼者；更看到有些人一夜暴富、一夜成名……

每当听说或看到这些事情的时候，我们总是会情不自禁地说：“他们的运气真好。”我们的言语中透着几分羡慕，几分渴望。

确实，他们是令人羡慕的，而且他们也有着很好的运气。但是我们回过头再仔细想想，难道我们没有得到这些，真的是因为我们的运气比较差吗？他们所取得的成就真的就与他们自身的努力奋斗没有一点关系吗？

众所周知，比尔·盖茨的财富是惊人的，他是很多人羡慕的对象，当然他也是幸运的。他十几岁就开办了自己的公司，36岁就成为世上最年轻的亿万富翁。可是，他背后的努力有几个人知道呢？

他从小就有着超出常人的远大抱负，希望创造自己的软件帝国。为了实现自己的梦想，他将整个身心投入到这项事业中来。他废寝忘

食地工作，在他的世界里似乎根本就没有星期天，只有忙碌。

可是，我们所看到的只是他成功和辉煌的一面，却忽视了这辉煌背后所包含的血汗。我们只看到他幸运的一面，却没有看到这幸运背后的艰辛和坎坷。其实，他和其他的伟大人物一样，其成功不但有运气的成分，更主要的是他们自己的努力付出。

如果我们研究一下古今中外成功者的故事，我们就不难发现，与其说他们是幸运的，不如说是因为他们的奋斗而创造出幸运。

幸运也就是机遇，那些成功的人，往往只不过较之别人更早更准确地抓住了身边的机遇而已，这对成功来说是莫大的帮助。但这只是成功的一个诱因，关键还在于后来的奋斗和拼搏。

比如，一个出身于家底丰厚的人，他的成功跟家里留给他的财富有关，但是如果他后天不努力的话，即使再丰厚的家产也会被耗费一空，不是有句古话叫“坐吃山空”吗？只有不断去开发新的资源，才能不致使原来的资源枯竭。只有不断努力去创造新的幸运，才能走向成功的顶峰。所以说，好运不是与生俱来的，而是人们在生活历程中创造出来的。

有一个人——鲁斯·劳特瑞克，他天生长得畸形而矮小，但他创造的杰出绘画技巧使其成为印象派时代最伟大的天才之一。尽管他身材矮小，他却被视为一位巨人。

还有一个人，他的神经系统失调，因此，严重影响了他的语言表达能力，而且他被长期禁锢在轮椅上，生活不便，更别说在某一方面有所建树。但他在理论物理方面所做的工作，却成为当代解释宇宙的

最重要的理论贡献之一。他的同事说：“他对于爱因斯坦，正如爱因斯坦对于牛顿。”人们在谈到他时，常常忘了他是个行动不便的不幸人，都一致认为他是个非常幸运的人，因为没有多少人可以达到他所达到的高度——不管是学问，还是心理。这个人就是斯蒂芬·霍金。

尽管这些人都有身体方面的某些残缺和一些难以逾越的障碍，但他们还是成功了，而且成了很多人学习的榜样。应该说，他们的运气并不好，但是他们却用自己的努力为自己创造了一份难得的好运。

多数人往往这样认为，如果那些不幸的人在抱怨自身不幸和身体缺陷中度过他们的一生，我们也不会对他们有什么指责。因为他们的自身条件远远不如我们，因为他们的命运实在糟糕到了极点，但他们的成功不知要大于我们多少倍。其中，最重要的原因就是，他们不甘于庸碌的人生，他们有勇气挑战坏运气，争取得到人生的好运。于是，当他们付出了超出常人的辛劳之后，幸运女神也就自然会格外垂青他们了。

为什么我们常常喜欢去期待命运的垂青，而不是在奋斗中去创造自己的幸运呢？也许看了下面这个笑话，我们能够从中受到很多启发：

有一个老农，到了收获马铃薯的季节时，他却一直坐在他的地边，而不挖已经成熟的马铃薯。他的邻居看到了，就问他为什么不干活儿。

老农说：“我不用受累，我的运气好极了。有一次，我正要砍几棵大树，忽然一阵飓风把大树刮断了，根本不用我动手。又有一次，我正要焚烧地里的杂草，一个闪电把它们全烧光了。”

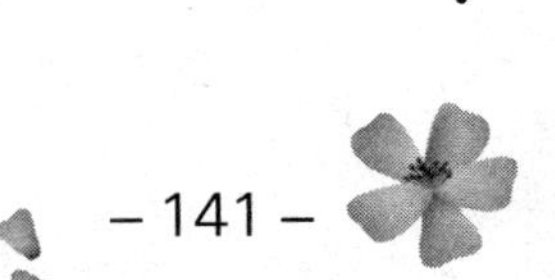

“噢，你的运气真不错，那你现在在干什么呢？”他的邻居又问道。

老农回答说：“我在等一次地震把我的马铃薯从土里面翻出来。”

也许我们都会觉得这个老农好笑，把希望寄托于运气。虽然故事只是人们故意杜撰出来的，但是，现实生活中却并不缺乏这样的真实事情。

生活中，很多人相信命运天注定，因此常常把希望完全寄托在神灵的身上，借助求神拜佛等迷信的行为，来梦想达到自己的愿望。在如今的农村里这样的事还屡见不鲜，很多人怀着一颗虔诚的心到“神算子”、“活菩萨”那里求签问卦，上香磕头，希望神灵给他们开通一条财路，从而摆脱贫穷，走向富裕。渴望富裕生活的心理是没有错的，但是把希望寄托在神灵的身上而自己不去努力争取的行为却是大错特错的。

阿拉伯人也有句谚语：“把一个幸运的人扔进海里，他会衔着一条鱼爬上岸来。”

犹太人有句格言：“假如一个不幸的人去卖雨伞，大雨会停止；假如他去卖蜡烛，太阳会永不落山；假如他去做棺材，人们会长生不老。”

每个人生下来都是同样的，出身于贵族富豪之家的人即使刚开始的幸运因素多一点，但如果后天不努力照样会沦为不幸；而出身于低贱贫寒之家的人也许刚开始身上没有一点幸运的影子，但如果后天努

力争取照样可成为一个幸运的人。谁的一生都不会一帆风顺，每个人都有处在逆境的时候，但是幸运者和不幸者对待逆境的心态是不同的。

《幸运元素》的作者、心理学家理查德·怀斯曼花了十年时间寻找捉摸不定的“幸运因素”，并寻求了解好运背后的心理原因。

为此，他采用心理测验问卷和访谈等方式，对400名最幸运和最不幸的人的生活进行了研究。最后，他发现那些运气很好的人都在不自觉地参考“四个基本原则”，这“四个基本原则”是：

第一，态度乐观

运气好的人在生活中总是抱着乐观、随和的态度，他们期望好运降临并坚信未来是光明的。这些期望本身会帮助幸运者在失败面前继续不懈地努力，并以积极的方式与他人交往。因此，他们在遇到问题时，总能轻松地解决。

第二，判断准确

他们总能根据他们的本能和直觉对事情作出正确的决断。

第三，有能力

好运者总是有能力将厄运转化为好运。他们懂得使用各种心理学技巧来对付降临到他们身上的厄运，从而从厄运中突破，有的人甚至因逆境而获得发展。比如，他们会想，也许事情原本可能更糟；他们也不总是想着不幸而不能自拔，而是设法控制形势。

第四，能够把握和利用机会

他们最大限度地利用他们的机会。他们善于创造和发现机会，并

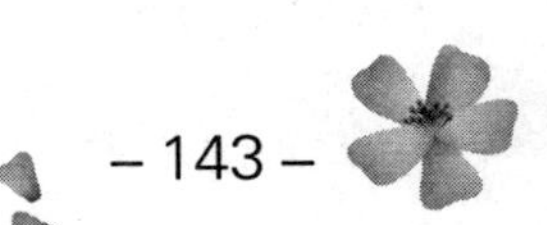

在机会来临时采取行动；他们对生活采取一种轻松的态度，且从不拒绝体验新经历。

其实，幸运的人时时都在创造运气，所以他们成功了。而不幸的人时时都在碰运气，所以他们运气好的时候非常少。所以说，好运要靠自己主动创造，而不是任何人的施舍。人生苦短，好花不常开，好运不常在。唯有靠自己去努力，去争取，去创造，才有可能实现自己的梦想。一个人首先要有坚强的信心，有战胜困难的勇气，并且敢于在实干中进取，这样才能创造出一个又一个机遇，成为一个好运的人。

很多时候，幸运与否是与自己的心态有关的，要首先相信自己可以遇到好运气，而且在接下来的行动中去努力争取，也才有可能争取到好运。

一直以来，许多人认为哥伦布能够发现新大陆，是由于他自己强大的野心和顽强的精神所致，但是人们却不知，他的成功还要归功于一次幸运的饮水。

15世纪80年代，同大多数冒险家一样，哥伦布也认为往西航行到盛产香料的印度群岛是有可能的，但不幸的是，他没有找到一位资助旅费的皇室支持者。一年又一年，他游走于欧洲各国的宫廷，却屡次被拒绝。这样一直持续了八年时间，事情还是毫无进展。最后他返回西班牙宫廷，再次会见了当时的国王费迪南和王后伊莎贝拉。听取了哥伦布的陈述后，他们再次拒绝了他。

绝望的哥伦布离开宫廷后，走在外面炎热的大街，很快他感到口渴。于是，他就在附近的修道院停下来找水喝。他和其中一位修士攀

谈起来，不一会儿就倾吐了他渴望旅行的心愿。那位修士恰巧就是王后伊莎贝拉告解的神父。他对哥伦布的决心印象深刻，便主动向伊莎贝拉提起这件事，所以，伊莎贝拉又接见了哥伦布一次。这一次，国王和王后终于同意了。

马克斯·巩特尔说：“如果厄运能扭转我们的掌控力，好运同样能做到。勇敢的人随时准备抓住身边的每一个好运，即使意味着会走向一个全新的、无法预知的方向。他们不想僵滞地过生活，以免忽视了生活常态以外的幸运契机。”

其实，有时幸运就在我们身边，只是我们时常与之擦肩而过。只要我们摆正心态，肯努力和奋斗，我们就会得到属于我们自己的好运。

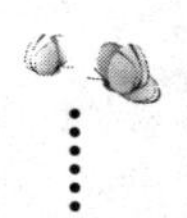

第四章 性格决定未来

性格是一个人在对现实的稳定的态度和习惯了的行为方式中表现出来的人格特征，它表现一个人的品德，受人的价值观、人生观、世界观的影响。这些具有道德评价含义的人格差异，我们称之为性格差异。性格是在后天社会环境中逐渐形成的，是人的核心的人格差异。性格有好坏之分，能最直接地反映出一个人的道德风貌。

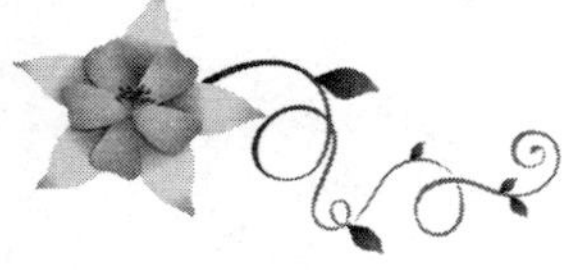

◎ 性格的形成

在今天的心理学范畴里，性格是指表现在人对现实的态度和相应的行为方式中的比较稳定的、具有核心意义的个性心理特征，是一种与社会相关最密切的人格特征，在性格中包含有许多社会道德含义。性格表现了人们对现实和周围世界的态度，并表现在他的行为举止中。性格主要体现在对自己、对别人、对事物的态度和所采取的言行上。

性格作为人的个性心理特征之一，它是指在人的认识、情感、言语、行动中，心理活动发生时力量的强弱、变化的快慢和均衡程度等稳定的动力特征。主要表现在情绪体验的快慢、强弱、表现的隐显以及动作的灵敏或迟钝方面，因而它为人的全部心理活动表现染上了一层浓厚的色彩。它与日常生活中人们所说的“脾气”、“气质”、“性格”等含义相近。

性格是在人的生理素质的基础上，通过生活实践，在后天条件影响下形成的，并受到人的世界观、人生观等价值观的影响。它的特点一般是通过人们处理问题、人与人之间的相互交往显示出来的，并表现出个人典型的、稳定的心理特点。

性格是人在活动中，在主体和客体相互作用的过程中形成和发展起来的。客观事物的各种影响通过主体的认识、情感和意志活动在

个体的反映构成保存、固定下来，构成一定的态度，并以一定形式表现在个体的行为之中，构成个体所特有的行为方式。人的性格并不是一朝一夕形成的，但一经形成就比较稳定，并且贯穿在他的全部行动之中。因此，个体一时性的偶然表现不能认为是他的性格，只有经常性、习惯性的表现才是他真正的性格特征。性格是稳定的，但又不是一成不变的。性格是一个人在主体与客体的相互作用过程中形成的，同时，又在主体与客体的相互作用过程中发生缓慢的变化。

性格是在人的社会化过程中形成的，因此它总是受一定社会环境的影响。性格是个体的先天素质与其所遭遇的复杂多变的社会关系所构成的矛盾的统一，从而产生了一系列的内、外部的行为。人的性格形成一半来自先天的遗传基因，一半来自后来的环境。每个人性格的不同决定其把握机遇的能力也不同。后来的可塑性对于人的性格成长非常重要，尤其是幼儿时期的生长环境，对于一个人性格有终身的影响。

世界上没有性格完全相同的两个人，有人娇气、傲气、泼辣，有人热情、开朗、活泼，有人深沉、内在和多思，有人大胆、自信，有人耐心仔细，有人快中易粗、粗中易错，有人却慢条斯理、有条不紊。性格就是由各种特征组成的有机统一体。

恩格斯说过：人的性格不仅表现在他在做什么，而且表现在他怎样做。“做什么”表明一个人追求什么、拒绝什么，反映了人的行为动机及对现实的态度。“怎样做”表明一个人如何去追求想要的东西、如何去拒绝想避免的事情，反映了人的活动方式。在古希腊德而

菲神庙上有句古老的格言："认识你自己。"只要人类存在，人们对自己的探索就不会停止。人之所以探索性格的问题，是因为人们希望自己能更好地把握世界。人们在自然和社会中寻求发展的同时，不断反思，反躬自问，探索着行为与人性、性格的关系，以求更好地掌握自己的人生。

◎ 幼稚型人格

苏格兰作家詹姆斯·巴里笔下有一个童话人物叫彼得·潘，他一直在梦幻的“永无乡”里生活，永远也长不大。在现实生活中，也有许许多多的人都梦想着能够像他一样不用长大，不用面对那么多烦恼。这其中，有一部分人拒绝长大的心理格外严重，他们这种表现，就具有幼稚型人格的倾向。

幼稚型人格被称为表演型，其特征是表达情绪具有高度夸张色彩，引入注目，就像是舞台上的主角。一件普通的事情也会被描述得神乎其神，极其投入和陶醉。暗示性较强，极易受他人或外界的影响。感情表达强烈但不持久，肤浅善变。希望别人关注自己，以自己为中心，因此在意装扮，言行经常呈现挑逗性。受到一点挫折就呼天喊地，经常为了追求一时的感情而不惜代价，较为冲动。

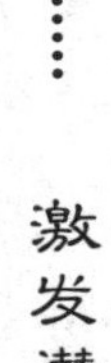

从上述的某些特点来看，这种人格还兼具癔症的某些特点，因此幼稚型性格又叫做歇斯底里性格。具体表现为思想懒散，安于现状，意志脆弱，畏难怕艰，贪图享乐，急功近利，依赖性强，逃避现实等。

无论在生活中还是工作中，只要我们稍加注意就会发现，这样的例子并不鲜见，很多二三十岁的大男人，工作的电脑上及空间中居然贴满了蜡笔小新、超人等图画，就连衣着也是“少儿化”，喜欢穿米老鼠的T恤；眼看奔三十的女士还经常娃娃装、娃娃头、绑带平跟鞋，

身背带有卡通大头像的双肩包，一颦一笑都活脱脱像一个孩子。

当然，上述这种性格的形成并不是与生俱来的，而是与其自小成长的环境有很大的关系。例如，父母总是过于满足孩子的需求，往往使孩子忽视自身的责任感。或者，父母中的一方不能在婚姻中找到满足和慰藉，像父亲长期驻外工作，母亲则感到孤寂和空虚，就会与孩子形成过度紧密的关系，此时母亲需要一个永远陪伴自己、永远长不大的孩子。结果孩子错过了与父母分开、历练成为独立个体的最佳时期，即使最后问题出现，父母再想让孩子走出家门步入社会，通常为时已晚。

一个人如果是幼稚型人格，这对于他未来的发展都是不利的。一般来说，这样的人，往往缺乏责任感。一个人的责任感包括很多方面，例如自己能够独立判断世事、选择并坦然接受一切结果、做事有头有尾、注重效果与效率、主动承担责任和义务、做事不以自我为中心、为他人着想等。而责任感不强的人总是心存依赖，再简单的事儿也被当成负担。工作中遇到一点挫折和麻烦，没有勇气去积极解决，把自己的责任推给别人，总是希望自己可以像幼时一样有人呵护和帮助。

这是一种心理障碍，但是它不是有药可医的病。如果想改变也不是一件容易的事情，因为一个人多年的生活习惯和性情具有一定的稳定性，不是说改就能改的。

那么，对于这样的人是不是就任其发展呢？我们还能采取哪些措施对其进行治疗呢？

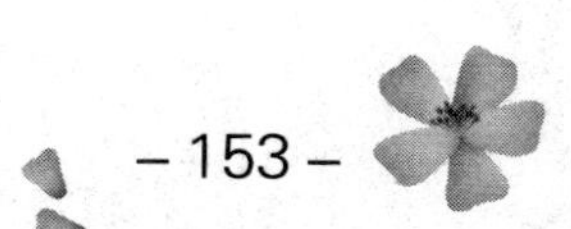

心理学家建议，对于这些人，应该让他们加强自己的独立性和自主性。有意识地去艰苦奋斗，自觉地迎接挑战。同时还要在自己的生活中努力承担责任，要自理自立，不心存侥幸和依赖，做到对自己的生活、前程负责。也就是说，可以改变和拯救他们的不是药物，也不是他人，而是他们自己。

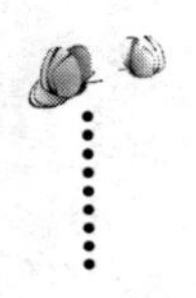

◎ 依赖型人格

依赖型人格源于人类发展的早期。幼年时期儿童离开父母就不能生存，在儿童印象中保护他、养育他、满足他一切需要的父母是万能的，他必须依赖他们，总怕失去了这个保护神。这时如果父母过分溺爱，鼓励子女依赖父母，不让他们有长大和自立的机会，以致久而久之，在子女的心目中就会逐渐产生对父母或权威的依赖心理，成年以后依然不能自主。缺乏自信心，总是依靠他人来作决定，终身不能负担起选择采纳各项任务、工作的责任，形成依赖型人格。

比如下面这个故事：有一对夫妇晚年得子，十分高兴，把儿子视为掌上明珠，捧在手上怕飞，含在口里怕化，什么事都不让他干。儿子长大以后连基本的生活也不能自理。一天，夫妇要出远门，怕儿子饿死，于是想了一个办法，烙了一张大饼，套在儿子的颈上，告诉他想吃时就咬一口。等他们回到家里时，儿子已经饿死了。原来他只知道吃颈前面的饼，不知道把后面的饼转过来吃。

这个故事讥讽得未免有些刻薄，但现实生活中类似的现象也不能说没有，特别是如今大多数家庭都是独生子女，父母、爷爷奶奶、外公外婆都视之为宝贝，孩子的日常生活严重依赖亲人，造成长大以后生活自理能力极差。如果一个人形成依赖型人格，从小的方面讲影响了个人的前途，从大的方面讲则是影响一代人的发展乃至整个国家的

命运。

美国《精神障碍的诊断与统计手册》中将依赖型人格的特征定义为：

（1）在没有从他人处得到大量的建议和保证之前，对日常事物不能作出决策。

（2）无助感，让别人为自己作大多数的重要决定，如在何处生活，该选择什么职业等。

（3）被遗弃感。明知他人错了，也随声附和，因为害怕被别人遗弃。

（4）无独立性，很难单独展开计划或做事。

（5）过度容忍，为讨好他人甘愿做低下的或自己不愿做的事。

（6）独处时有不适和无助感，或竭尽全力以逃避孤独。

（7）当亲密的关系中止时感到无助或崩溃。

（8）经常被遭人遗弃的念头所折磨。

（9）很容易因未得到赞许或遭到批评而受到伤害。

只要满足上述特征中的五项，即可诊断为依赖型人格。

依赖型人格是指缺乏独立意识的人格。依赖性人格会在生活中表现为依赖性人格障碍，是一种心理疾病，可以通过习惯纠正法和重建自信法进行调试。

依赖型人格的显著特点是自主精神比较弱，独立意识比较缺乏。具体表现为依恋他人，敏感多思，控制情绪的能力较差，偏向感性，不太注意自己参与决策的能力，社会参与程度较低。

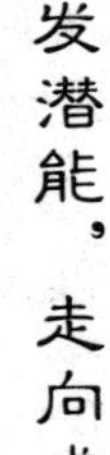

依赖型人格对亲近与归属有过分的渴求，这种渴求是强迫的、盲目的、非理性的，与真实的感情无关。他们这类人只要他能找到一座靠山，时刻得到别人对他的温情，宁愿放弃自己的个人趣味、人生观，也能感到满足。

正是因为他们的这种处世方式，导致依赖型人格的人越来越懒惰、脆弱，缺乏自主性和创造性。由于处处委曲求全，依赖型人格障碍患者会产生越来越多的压抑感，这种压抑感阻止着他为自己干点什么或有什么个人爱好。

对于依赖型人格，心理学家霍妮通过研究分析，指出这种类型的人有几个特点：

（1）深感自己软弱无助，有一种“我知道自己非常可怜”的感觉。而且这种人很没有主见，当要自己拿主意时，便感到一筹莫展，像一只迷失了港湾的小船，又像失去了教母的灰姑娘。

（2）理所当然地认为别人比自己优秀，比自已有吸引力，比自己能干，有一定的自卑倾向。

（3）无意识地倾向于以别人的看法来评价自己。依赖型人格的依赖行为已成为一种习惯，治疗首先必须破除这种不良习惯。具体来说，可以参考以下几种方法：

首先，清查一下自己的行为中哪些是习惯性地依赖别人去做，哪些是自作决定的。你可以每天作记录，记满一个星期，然后将这些事件按自主意识强、中等、较差分为三等，每周一小结。对自主意识强的事件，以后遇到同类情况应坚持自己做。例如，某一天按自己的意

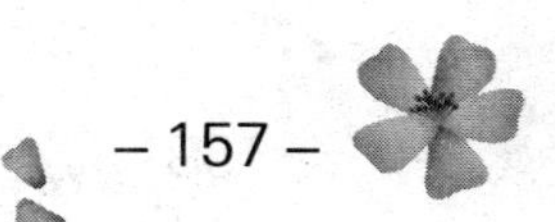

愿穿鲜艳衣服上班，那么以后就坚持穿鲜艳衣服上班，而不要因为别人的闲话而放弃，直到自己不再喜欢穿这类衣服为止。这些事情虽然很小，但正是你改正不良习惯的突破口。

其次，对自主意识中等的事件，你应提出改进的方法，并在以后的行动中逐步实施。例如，在订工作计划时，你听从了朋友的意见，但对这些意见你并不欣赏，便应把自己不欣赏的理由说出来，说给你的朋友听。这样，在工作计划中便掺入了你自己的意见，随着自己意见的增多，你便能从听从别人的意见逐步转为完全自作决定。

第三，对自主意识较差的事件，你可以采取诡控制技术逐步强化、提高自主意识。诡控制法是指在别人要求的行为之下增加自我创造的色彩。例如，你从爱人的暗示中得知她喜欢玫瑰花，你为她买一枝花，似乎有完成任务之嫌。但这类事情的次数逐渐增多以后，你会觉得这样做也会给自己带来快乐。你如果主动提议带爱人去植物园度周末，或带爱人去参观插花表演，就证明你的自主意识已大为强化了。

但是，我们也必须清楚一点，依赖行为并不是轻易可以消除的，一旦形成习惯，你会发现要自己决定每件事依旧很难，很可能会在不知不觉中又回到老路上去。而且，如果只简单地破除了依赖的习惯，而不从根本上找原因，那么也有可能导致依赖行为复发。所以，要想重建自信，还必须从根本上加以矫正，以此才能医治依赖型人格障碍。

第一种方法：消除童年不良印迹

我们都知道，依赖型的人缺乏自信，自我意识十分低下，其实这与童年期的不良教育在心中留下的自卑痕迹有关。你可以回忆童年

时父母、长辈、朋友对自己说过的具有不良影响的话，例如：“你怎么这么笨呢，什么也不会做”、“瞧你笨手笨脚的、让我来帮你做”等，你可以把这些话语仔细整理出来，然后一条一条加以认知重构，并将这些话语转告给你的朋友、亲人，让他们在你试着干一些事情时，不要用这些话语来指责你，而要热情地鼓励、帮助你，从语言上给予你一定的鼓励，让你相信自己可以做好事情。

第二种方法：重建勇气

建立自信是需要勇气的，尤其是对一些依赖型人格的人来说。所以，你可以做一些略带冒险性的事，每周做一项。例如：独自一人到附近的风景点作短途旅行；独自一人去参加一项娱乐活动或一周规定一天“自主日”，这一日不论什么事情，决不依赖他人。通过做这些事情，可以增加你的勇气，鼓舞你的信心，让你知道，没有别人的帮助，你依然可以做成很多事情，久而久之，就会逐渐改变你事事依赖他人的弱点，使你变成一个有勇气的人。

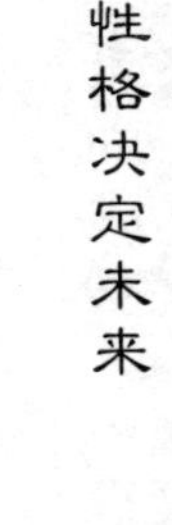

◎ 强迫型人格

强迫性人格是异常人格中常见类型之一。其最大的特点是过分追求完美、精确，甚至达到纠缠、吹毛求疵的程度。行为上过分循规蹈矩，拘泥于形式、章程及次序，甚至连生活细节也力求程序化及仪式化，要求按部就班。由于有强烈的不安全感，对批评又过分敏感，所以遇事总是反复思考、核对，怕出差错；采取行动总是犹豫不决，踌躇不前，即使勉强作出决定，事后还是唯恐有错。在情绪表现方面过分克制，不苟言笑，缺乏幽默感，心情总是轻松不下来。

由于受以上特点的影响，所以具有强迫型人格的人，办事效率不高，缺乏灵活应变能力，抓不住稍纵即逝的机会，事后又懊悔自责。虽然表面不动声色，内心往往紧张与烦恼，甚至充满怨恨，尤其在生活和工作常规受到干扰时。

典型的“强迫症”大致可分为两部分：

第一部分：强迫思考，包括某一个想法、冲动、脑内的心像、脑内浮现的声音或感觉等。

第二部分：强迫行为，重复某一行为、收集或收藏某些东西等。

患者明明知道这样的想法很不合理、很不舒服，可是无法阻止这类思考的出现及盘踞在脑海中，直到强迫思考自动消失后，才能松一口气。患者也明明知道重复某些行为是毫无意义而且会引人侧目，可

是他就是无法不去做。

通常，强迫行为与强迫思考的内容有关。常见的强迫思考无奇不有，比如怕脏、怕灾难会降临、怕想到不吉利的事，强迫行为则表现在重复清洗、重复检查，以及其他可以解除因强迫思考带来焦虑的行为。强迫症的患者可能只有强迫思考，也可能只有强迫行为，但有的则两者兼具。

那么强迫症该如何治疗呢？

从以往的案例来看，“强迫症”用认知治疗或行为治疗的成效不错。但遇上一些症状较严重的个案，就显得束手无策。幸运的是，一些抗忧郁剂的问世，使得强迫症患者又迎来了希望的曙光。

医师建议“强迫症”的患者若需服药，则得持续而有规则地服用一年后视情况停药或减药。有一些患者可能需要长期服药，但只要生活品质过得好，这种不方便的代价也就值得。所以，家长们若发现自己的孩子改变了，而且重复某些想法或某些行为，得赶快带孩子寻求精神科医师的协助。

不过也不用太担心，即便我们有或多或少的强迫型人格倾向，但通常情况下不严重。我们只是拥有一点点强迫型人格或者强迫型人格倾向，只要不是发展到病态的程度，是不用担忧的。

对于强迫行为较严重且有可能发展为强迫性神经官能症者，就只有请心理医生诊治了。但如果只是具有症状较轻的强迫型人格，那么可以根据下面的方法来缓解这种症状。

（1）自己学会丰富生活内容和社交活动，分散某些注意力。

（2）身边的人应该多给予理解、关心和肯定。

（3）努力让自己获得较多的成功机会，以增强自信心。

（4）根据自己的特长从事有规律的、需要细心谨慎的工作和活动，同时也要对自己有一个正确认识，明确自己的性格缺陷。

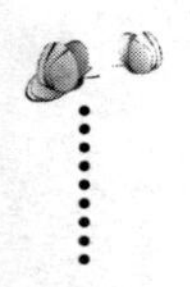

◎ 偏执型人格

偏执型人格又叫妄想型人格。其行为特点常常表现为：极度敏感，对侮辱和伤害耿耿于怀；思想行为固执死板，多疑、心胸狭隘；爱嫉妒，对别人获得成就或荣誉感到紧张不安，妒火中烧，不是寻衅争吵，就是在背后说风凉话，或公开抱怨和指责别人。持这种人格的人，在家不能与家人和睦，在外不能与朋友、同事团结融洽，别人只好对他敬而远之，他只能孤立独处。

偏执型人格，自以为是，自命不凡，对自己的能力估计过高，惯于把失败和责任归咎于他人，在工作和学习上往往言过其实；同时又很自卑，总是过多过高地要求别人，但从来不信任别人的动机和愿望，认为别人存心不良；不能正确、客观地分析形势，有问题易从个人感情出发，主观片面性大；如果是建立家庭的人，他们会常怀疑自己的配偶不忠，弄得家庭不和睦等。

为了便于诊断，《中国精神疾病分类方案与诊断标准》（CCMD-2-R）中将偏执型人格的特征概括为以下几点：

（1）广泛猜疑，常将他人无意的、非恶意的甚至友好的行为误解为敌意或歧视，或无足够根据，怀疑会被人利用或伤害，因此过分警惕与防卫。

（2）将周围事物解释为不符合实际情况的“阴谋”，并可成为超

价观念。

（3）对别人所取得的成绩容易产生病态嫉妒。

（4）过分自负，若是遇到挫折或失败，就会归咎于人，总认为自己是正确的，无所不能的。

（5）好嫉恨别人，对他人的错误不能宽容，小肚鸡肠。

（6）脱离实际地好争辩与敌对，固执地追求个人不够合理的“权利”或利益。

（7）忽视或不相信与患者想法不相符合的客观证据，因而很难以说理或事实来改变患者的想法。

如果有人的情况符合上述项目中的三项，那么就可以断定此人患有偏执型人格障碍。

一般来说，偏执型人格的人很少有自知之明，他们对自己的偏执行为持否认态度，因此在社会上人数和比例也没有准确的记载。据1988年上海市青少年心理卫生调查资料表明，患有偏执型人格障碍的人数占心理障碍总人数的5.8%，实际情况可能要超过这个比例。而且，随着近年来社会竞争压力的增大，各种心理问题的频发，这类患者人数应该会更多。在调查研究中还发现，偏执型人格障碍患者中以男性较多见，且以胆汁质或外向型性格的人居多。

对于患有这种人格障碍的人来说，必须及早发现及早治疗。通常情况下，对偏执型人格障碍的治疗应采用心理治疗为主，以克服多疑敏感、固执、不安全感和自我中心的人格缺陷。主要有以下几种方法：

1.认知提高法

由于患者对别人不信任、敏感多疑，不会接受任何善意忠告，所以首先要与他们建立信任关系，在相互信任的基础上交流情感，向他们全面介绍其自身人格障碍的性质、特点、危害性及纠正方法，使其对自己有一正确、客观的认识，并自觉自愿产生要求改变自身人格缺陷的愿望。这是进一步进行心理治疗的先决条件。

2.交友训练法

朋友多了，人的心情也会随之变好，尤其是对一些朋友较少的人来说，如果能够多一些朋友，从朋友那里得到慰藉，会有豁然开朗的感觉。所以，人们要鼓励他们积极主动地进行交友活动，在交友中学会信任别人，以此消除自己的不安感。

当然，这类人在进行交友训练的时候，需要掌握一定的原则和要领，这样才能更有把握地达到预想的目标，具体如下：

（1）真诚相见，以诚交心

本人必须采取诚心诚意、肝胆相照的态度积极地交友。要相信大多数人是友好的或者说是比较好的，可以信赖的，不应该对朋友，尤其是知心朋友，心存偏见或者表现出一种不信任的态度。必须明确交友的目的，主要在于克服偏执心理，寻求友谊和帮助，交流思想感情，消除心理障碍。所以，一定要与朋友真心相处，这样才能获得朋友的帮助。

（2）在交往过程中，应尽自己最大的能力主动帮助知心朋友

这样做，有助于以心换心，取得对方的信任和巩固友谊。尤其

当别人有困难时，更应伸出援手，鼎力相助。要知道，患难之中见真情，这样才能取得朋友的信赖和增强友谊。

（3）注意交友的“心理相容原则”

彼此间性格、脾气的相似和一致，有助于心理相容，搞好朋友关系。另外，性别、年龄、职业、文化修养、经济水平、社会地位和兴趣爱好等亦存在“心理相容”的问题。但是最基本的心理相容的条件是思想意识和人生观价值观的相似和一致，所谓“志同道合”。这是发展合作、巩固友谊的心理基础。

3.自我疗法

具有偏执型人格的人喜欢走极端，这与其头脑里的非理性观念相关联。因此，要改变偏执行为，偏执型人格患者首先必须分析自己的非理性观念，如以下几种：

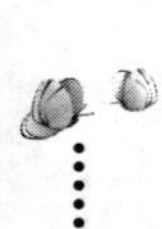

（1）世上没有好人，我只相信自己。

（2）我不能容忍别人一丝一毫的不忠。

（3）我不能表现出温柔，这会给人一种不强健的感觉。

（4）对别人的进攻，我必须立目标以强烈反击，要让他知道我比他更强。

要想除去其中极端偏激的成分，就要对这些观念进行改造，可以给自己如下的心理暗示：

（1）世上好人和坏人都存在，我应该相信那些好人。

（2）我不是说一不二的君王，别人偶尔的不忠应该原谅。

（3）我不敢表示真实的情感，这本身就是虚弱的表现。

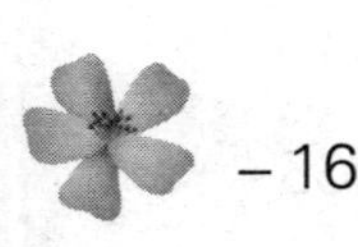

（4）对别人的进攻，马上反击未必是上策，而且我必须首先辨清是否真的受到了攻击。

每当故态复萌时，就应该把改造过的合理化观念默念一遍，以此来阻止自己的偏激行为。有时自己不知不觉表现出了偏激行为，事后应重新分析当时的想法：自己出于当时的非理性观念，知道了这些之后，再加以改造，以防下次再犯。

4.敌意纠正训练法

偏执型人格障碍患者易对他人和周围环境充满敌意和不信任感，应该采取以下训练方法，有助于克服敌意对抗心理。

（1）要知道，只有尊重别人，才能得到别人尊重的基本道理。要学会真心实意地对那些帮助过你的人说感谢的话，而不要不疼不痒地说一声“谢谢”，更不能不理不睬，装出一副好像跟自己没有关系的样子。

（2）经常提醒自己不要陷于“敌对心理”的旋涡中。事先自我提醒和警告，处世待人时注意纠正，这样会明显减轻敌意心理和强烈的情绪反应。

（3）要在生活中学会忍让和有耐心。生活在复杂的大千世界中，冲突纠纷和摩擦是难免的，这时必须忍让和克制，不能让敌对的怒火烧得自己晕头转向，肝火旺旺。

（4）微笑不用花钱，却可以赢得很多。所以，要学会向你认识的所有人微笑。可能开始时你很不习惯，做得不自然，但必须这样做，只要坚持下去，带着一颗诚心，努力去做，就一定会做得很好。

当然，也许有人会说，偏执也没什么不好的，因为我们在生活中或者工作中，经常能听见有人说，成功需要偏执，这点不容否认，但是他们这里所说的“偏执”准确来说应该是“执着”，我们不能将其混为一谈。

总之，我们必须切记：在心理学上，偏执就是一种人格障碍，是影响我们心灵健康的不良因素，我们必须克服这种不良的人格障碍，使自己成为一个人格健康的人。

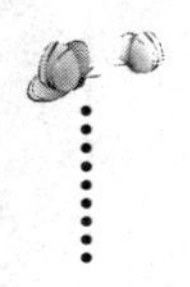

◎ 回避型人格

佛教中有出世与入世之说。所谓出世，即指远离人世，戒断人伦常情，方可修得正果；而入世则指普度众生。古往今来，许多人为了解脱痛苦，遁入了空门，成为心如枯木死灰或孤傲冷僻的隐居者。今天的我们，从现代心理学的角度来看，那些遁迹荒野、不食人间烟火的隐居者们，之所以选择那种方式“遁入空门”，不管出于什么客观原因，主观上很可能属于回避型人格的人。

我们都知道，隐居者已经很难在现代社会中找到一块清静的乐土。于是，他们往往关闭自己的心灵，不与他人作亲密的接触，唯求自安。应该说，人们渴望一种有意义的孤独与暂时的回避人世，并非一种病态。因为真正具有回避型人格的人并不敢深入到自己心灵的内部去，他们的回避带有强迫性、盲目性和非理智性等特点。

回避型人格又叫逃避型人格，其最大特点是行为退缩、心理自卑，面对挑战多采取回避态度或无能应付。

美国《精神障碍的诊断与统计手册》中对回避型人格的特征定义为：

（1）很容易因他人的批评或不赞同而受到伤害。

（2）除了至亲之外，没有好朋友或知心人（或仅有一个）。

（3）除非确信受欢迎，一般总是不愿卷入他人事务之中。

（4）行为退缩，对需要人际交往的社会活动或工作总是尽量逃避。

（5）心理自卑，在社交场合总是缄默无语，怕惹人笑话，怕回答不出问题。

（6）敏感羞涩，害怕在别人面前露出窘态。

（7）在做那些普通的但不在自己常规之中的事时，总是夸大潜在的困难、危险或可能的冒险。

只要满足其中的四项，即可诊断为回避型人格。

回避型人格障碍表现为缺乏自信，怀疑自身价值，敏感，特别是遭到拒绝和反对时。在日常生活中，经常会对一些小事感到不满意，觉得自己生活不如意，不顺心，如果被拒绝了，就会表现得很委屈，认为自己受到了较深的伤害。

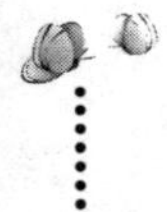

只要是患上了逃避型人格障碍的人，他们从一开始就回避人际关系，要不就是无条件地接受他人意见。他们在生活中尽管有交往的需要，但大多数人仍与周围人保持一定距离。在丰富的情感世界中，他们很难同别人进行深入的感情交流。他们这类患者的典型症状是他们很不愿意出风头，害怕暴露自己的内心感情，表现出羞愧，哭泣或不能回答问题。他们对熟人很亲热，而对生活中习惯常规的任何改变会感到害怕。

这类型的患者有很大的社会不安感，在那些需要大量接触他人的工作面前，常常因羞怯而逃避。在家庭之外，他们很少有亲密朋友和知己。所以大多数情况下，为了回避引起焦虑的情况，他们常寻找一

些借口。有时他们对一些事物表现出恐惧，而且他们经常有抑郁、焦虑和对自己生气的感觉。

那么，人到底为什么会产生回避型人格障碍呢？具体来说，主要由于以下两个因素：

第一个因素：生物学因素

具有回避型人格障碍的个体出生时就表现了难以抚慰的脾气或人格特征；对社会中的负面情感刺激高度敏感的儿童易于患上这种障碍。

第二个因素：家庭教养环境因素

患有回避型人格障碍的个体认为其父母对自己更加厌恶，使自己有更多的罪恶感，对自己缺乏适当的感情。

此外，还有一种说法是：回避型人格形成的主要原因是自卑心理。心理学家认为，自卑感起源于人的幼年时期，由于无能而产生的不胜任和痛苦的感觉，也包括一个人由于生理缺陷或某些心理缺陷（如智力、记忆力、性格等）而产生的轻视自己、认为自己在某些方面不如他人的心理。具体说来，自卑感的产生有以下几方面原因：

1. 挫折的影响

有的人由于神经过程的感受性高而耐受性低，轻微的挫折就会给他们以沉重的打击，变得消极悲观而自卑。

2. 低估自己

每个人总是以他人为镜来认识自己，如果他人对自己作了较低的

评价，特别是较有权威的人的评价，就会影响对自己的认识，从而低估自己。有人发现，性格较内向的人，多愿意接受别人的低评价而不愿接受别人的高评价；在与他人比较的过程中，也喜欢拿自己的短处与他人的长处比，这样越比越泄气，越比越自卑。

3. 消极的自我暗示

当每个人面临一种新局面时，首先都会自我衡量是否有能力应付。有的人会因为自我认识不足，常觉得“我不行”，由于事先有这样一种消极的自我暗示，就会抑制自信心，增加紧张，产生心理负担，工作效果必然不佳。这种结果又会形成一种消极的反馈作用，影响到以后的行为，这样恶性循环，使自卑感进一步加重。

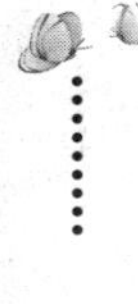

4.生理缺陷

比如身材矮小、肥胖，有先天性的残疾，等等。此外，还有性别、出身、经济条件、政治地位、工作单位，等等，这些都有可能导致一个人产生自卑心理。如果这种自卑感得不到妥善消除，久而久之就成了人格的一部分，造成行为的退缩和遇事回避的态度，形成回避型人格障碍。

找到了形成这类人格障碍的原因，我们就可以对症下药，通过采取一定的手段进行治疗，主要可以从以下几方面着手：

1. 消除自卑和自卑感

自卑的意思是低估自己的能力，觉得自己各方面不如人。自卑，可以说是一种性格上的缺陷，表现为对自己的能力、品质评价过低，同时还伴有一些特殊的情绪体现，诸如害羞、不安、内疚、忧郁、失

望等。

自卑会影响一个人的生活，导致自己的生活质量下降，出现社会适应不良等。基于帮助大家克服自卑心理，心理学家为我们提供了五个克服自卑心理的方法：

方法一：心理减压

有的人产生自卑的原因很简单也很偶然，并非情况很糟，但一时的阴影往往久久不能散去，使他不能以平常心去面对新的工作与生活。对这种情况，要学会如何调整心理压力，让其从自卑的情绪中摆脱出来，可帮换换环境，调整一下形式与方法等，就可能产生意想不到的效果。

方法二：环境感染

要营造一个良好的外部环境，一个充满友情的氛围。在自己需要的时候，能有亲人和朋友与自己及时进行感情上的沟通、生活上的帮助。同时，有人能关心自己的成长进步，鼓励自己发挥积极性，不断克服自卑心理。

方法三：正确认识

学会从多角度看问题，全面辩证地看待和评价自己，从而发现自己的长处，树立自信心。要用理性的态度面对失败和挫折，做到大志不改，不因挫折而放弃追求。善于挖掘自己的潜能，利用自身的特点，大胆尝试，勇于拼搏。

方法四：鼓励自己

善于运用表扬与肯定的方法树立自己的自信心。在工作、学习、

思想方面的积极表现、正确做法和细微的进步，要采取一定的方式给予及时的、恰当的评价和鼓励，并对自己提出新的要求，从而使自己受到鼓舞，增强自信心。在批评其缺点或错误时，也要适当地肯定其积极因素，做到批评中有鼓励。

方法五：目标激励

一个人在某一方面的失意，往往会促使他想方设法在其他方面有超常的发挥，以维系其心理平衡，保护其自尊心。我们要发现自己的长处，找准容易成功的突破口，帮助制定一个切实可行的目标和计划，并给予积极的心理暗示，鼓励自己发挥自制的优势，使其获得某种成功，找回自信心。

自卑感是一种不能自助和软弱的复杂情感。有自卑感的人轻视自己，认为无法赶上别人。心理学家曾·阿德勒对自卑感有特殊的解释，称其为自卑情结。他对于这个词主要有两种相联系的用法：首先，自卑情结指以一个人认为自己或自己的环境不如别人的自卑观念为核心的潜意识欲望、情感所组成的一种复杂心理。其次，自卑情结指一个人由于不能或不愿进行奋斗而形成的文饰作用。自卑情结是由婴幼儿时期的无能状态和对别人的依赖而引起的，所以对人有普遍意义，是驱使人成为优越的力量，又是反复失败的结果。自卑情感，可通过调整认识、增强信心和给予支持而消除。具体方法如下：

（1）要正确认识自己，提高自我评价。

人为什么会自卑？其实，一个人形成自卑感的最主要原因不是外界的刺激，而是自身不能正确认识和对待自己。因此，要消除自卑心

理，须从改变自我认识入手。我们要善于发现自己的长处，肯定自己的成绩，不要把别人看得十全十美，把自己看得一无是处，觉得自己干什么都不行，要知道，人无完人，他人也会有不足之处。只有提高自我评价，才能提高自信心，克服自卑感。

（2）要正确认识自卑感的利与弊，提高克服自卑感的自信心。

有的人把自卑心理看作是一种有弊无利的不治之症，因而感到悲观绝望，这是一种不正确的认识，它不仅不利于自卑心理的消除，反而会加重。自卑虽然对自己的发展和成长有一定的阻碍，但是也有好的、积极的方面。心理学家认为，自卑的人不仅要正确认识自己各方面的特长，而且要正确看待自己的自卑心理。自卑的人往往都很谦虚，善于体谅人，不会与人争名夺利，安分随和，善于思考，做事谨慎，一般人都较相信他们，并乐于与他们相处。我们虽然承认自卑者也有些优点，但不是鼓励他们继续保持自卑，而是要使他们明白，自卑感也有其有利的一面，不要因自卑感而绝望，认识这些优点可以增强生活的信心，为消除自卑感奠定心理基础。

（3）要进行积极的自我暗示。

我们要懂得进行自我鼓励，对自己有信心，相信事在人为。当面临某种情况感到自信心不足时，不妨自己给自己壮胆鼓励：“我一定会成功！一定会的。”或者不妨自问：“人人都能干，我为什么不能干？我不也是人吗？”如果怀着“豁出去了”的心理去从事自己的活动，事先不过多地体验失败后的情绪，就会产生自信心。

2. **克服人际交往障碍**

回避型人格的人都存在着不同程度的人际交往障碍，因此必须按梯级任务作业的要求给自己定一个交朋友的计划。起始的级别比较低，任务比较简单，以后逐步加深难度。例如：

第一星期，每天与同事（或邻居、亲戚、室友等）聊天十分钟。

第二星期，每天与他人聊天二十分钟，同时与其中某一位多聊十分钟。

第三星期，保持上周的交友时间量，找一位朋友作不计时的随意谈心。

第四星期，保持上周的交友时间量，找几位朋友在周末小聚一次，随意聊天，或家宴，或郊游。

第五星期，保持上周的交友时间量，积极参加各种思想交流、学术交流、技术交流等。

第六星期，保持上周的交友时间量，尝试去与陌生人或不太熟悉的人交往。

一般说来，上述梯级任务看似轻松，但认真做起来并不是一件轻松的事。最好找一个监督员，让他来评定执行情况，并督促坚持下去。

其实，第六星期的任务已超出常人的生活习惯，但作为治疗手段，以在强度上超出常规生活是适宜的。

对于回避型人格障碍的患者来说，在开始进行梯级任务时可能会觉得很困难，也可能觉得毫无趣味，但是这些都要尽量设法克服。只有持之以恒，才能得到良好的治疗效果，使自己尽早摆脱病患的折磨。

◎ 暴君型人格

在中国，受到几千年中央集权的封建帝制影响，很多拥有支配权力的人都倾向于这种暴君型人格。比如，公司主管、中学老师、封建家长以及大男子主义的丈夫，所以要时刻提醒自己千万不能成为别人眼中的暴君。而且，对于那些具有暴君型人格的家长来说，他们信奉的是“棍棒底下出孝子”。不由你拒绝和反抗，这种情况既伤害了他人的自尊心，又形成了自己人格发展的障碍。

经过心理学家的不断研究，并为我们指出了狂妄暴君型人格的主要特征有以下方面：

（1）他们自身就是中央集权制的代表。

（2）每当被人指出错误时，都不顾一切地向外推卸责任。

（3）愤怒的时候，不顾仪态。

（4）神经十分脆弱和敏感，容易发怒和暴跳如雷。

（5）他们所说的话永远是真理，做的事永远是典范。

从上述特征可以看出，无论是谁，99％的人在99％的时间内都是不理性的。这个判断可能有些夸张，但并不是妄下断言，需知，在交流和沟通较为缺乏的社会中，这个概率是比较符合现实的。我们经常说讲文明，这里的文明，无外乎就是告诉我们要讲道理地生活，但有些时候确实需要专制的力量，否则，也很难实现文明。从这个意义上

来说，暴君型人格的人也有可能成为一名杰出的管理指挥型人才，比如著名的指挥家门格尔贝格。

虽然“暴君”有可能有所成就，但他身边的人可不愿意忍受这样的人。拥有暴君型人格的人通常是目空一切的，你很难让他有所改变，因为他几乎不可能听从别人的逆耳忠言。所以，不要试图去改变他，你只能改变自己的行事策略，随机应变。

对于职场人士来说，如何才能妥善地应对一个如暴君般的老板呢？

我们都知道，在公司中，老板们手里掌握着员工的生死大权，对于员工来说，一个公司的主任，或是得到授权掌控公司的主管，都是致命的上司。假如你想争取个人最大的权益，后果就是卷起铺盖走人。但是，如果你真心喜欢也很需要这份工作，可是你的上司就是一个“暴君”，你怎样去化解心中郁结，安抚受伤的情感呢？

安华是一家咨询公司的部门经理，因为公司的知名度很高，很多人都想进入这个公司工作，他能获得这个职位是很不容易的，所以他格外珍惜。他的主要工作职责是为客户提供研究报告。他希望借此机会获取充分的历练，进而寻求在咨询领域的进一步突破。

安华是一个比较优秀的年轻人，有斗志，充满热情，对工作也很投入，并且与同事相处得也很融洽。但是他的老板徐总可就不那么友善了，他行为处事像个专权的暴君。其他人对于徐总的命令俯首帖耳。

安华在这里的最大感觉就是，要么你随遇而安，要么就卷铺盖走人。对于安华来说，刚进公司的那段日子，可以说非常难熬，因为他过去习惯于独自处理项目，并因为高效、富有创意地完成工作而受到

表扬。与此截然相反的是，徐总只允许下属按照他的方式办事。他通常会列出一系列规则让下属遵守，后者最好唯命是从，否则就会收到他那措辞严厉的便条，也可能在其他经理人员面前被他颜面扫地地训斥一番。即使是最小的错误，徐总也会对安华严厉斥责，并听不进任何解释。可是安华不舍得离开这里，依然想继续保留这里的工作，他该怎么办呢？

如果离开，意味着安华将失去宝贵的职业锻炼机会。但是，若想留下来，和徐总顶撞也不是办法，甚至可能会火上浇油。因为一个刚愎自用、自以为是的上司会因下属的顶撞而更加生气。

也许对于安华来说，最好的解决方法就是学会如何在困境下尽力而为。比如，提醒自己，不要把徐总的行为当作是针对他个人的。同时，尽可能地开展独立工作，避免和徐总产生正面冲突也是一个可靠的办法。另外，提高自身工作质量亦有所裨益。

恰好，安华就是这样做的。在工作中，他尽量依照徐总规定的程序来做事，在细枝末节上也毫不含糊，即便他觉得有更好、更有效的方式来获得有关信息。同时，他学会了控制自己的情绪，当他受到徐总的责难时，会在事后给对方留便条道歉，同时解释他为什么会那样做。他是按照对徐总指示的理解去做的，只是理解可能有误。通过这种方式，他避免了和徐总发生正面冲突。这样隐忍了几个月后，安华终于积累了宝贵的经验，也做好了另谋高就的准备。

所以，对于身在职场的我们来说，如果遇到“暴君”的老板，就选择离职，那么，我们就将失去一个难得而又宝贵的职业锻炼机会。

既然面对面的顶撞不是明智之举，甚至会越来越糟。如果你在工作中真的遇到了一个一意孤行、固执已见的上司，你就要学会和他相处的方法，而不能凭着自己的性情去随意顶撞而使他愈发愤怒，正确解决问题的最佳途径就是尽量在困境中尽力而为。

作为员工，如果我们跟老板之间有矛盾，有隔阂，就会给工作带来很大的阻碍，而且让彼此心情都不愉快。所以，在工作中，我们尽量依规做事，无论大事还是小事上我们都要认真负责。无论面对什么样的老板，我们都要学会控制自己的情绪，受到责难时不争辩，事后通过其他方式道歉，同时解释自己为什么会那样做，总之一句话：尽量避免和“暴君”发生正面冲突。

人很容易在冲动的情绪下作出非理智的行为，所以，当你处于一种是进还是退的两难选择的时候，请先弄清楚对你来说，什么才是重要的。如果确实需要这个工作机会，那就继续留任，以另外的方式应对老板，即便这些方法对于部门或者公司的运营而言并不是最理想的，但是至少可以让自己保留现有的职位。日后，等到出现适当的离职机会时，你已经积累起宝贵的工作经验，那时候你再离开，也不会有什么损失和遗憾。

◎ 懦弱型人格

所谓的懦弱型人格，就是指胆小怕事、遇事躲闪，易屈服于人，甚至是逆来顺受而无反抗精神。无进取心，意志不坚定，畏惧困难，遇到苦难束手无策。情感脆弱，担负不了挫折和失败的人。

生活中，很多人对怯懦型人格没有准确的认识，认为这样的人只会唯唯诺诺，其实不然，要知道，欺软同样是一种怯懦。这种人一旦遇到弱者，并不同情和怜悯反而讥笑和打击，面对强者，则瑟瑟发抖如履薄冰。欺软怕硬的根源就是对自己不自信，从强人那里倍感失落，因此要通过打击幼小来弥补。这是懦弱性人格比较典型的一个特征。

人之所以会形成性格怯懦型人格，在很大程度上来说，与家庭教育有着密切的关系，具体说来有以下几点：

1.家长经常训斥孩子

当孩子达不到家长期望时，就会严厉苛责，甚至打骂孩子，从而严重挫伤孩子的自信心及自尊心。同时，许多家长为了让孩子利用时间好好学习，把孩子管得死死的，剥夺了孩子除学习以外的所有自由时间。长期发展下去，孩子的活动范围就越来越小，甚至不敢和人打交道，怯懦的性格也就慢慢形成了。

2.孩子经常受到大人的恐吓

为了制止孩子胡闹，家长经常报以“狼来了”等粗暴手段和方

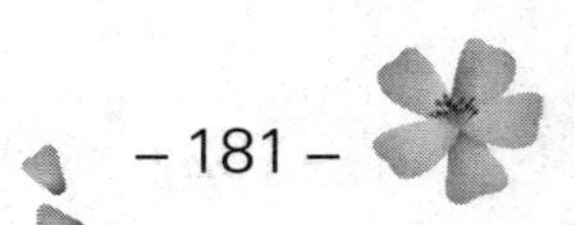

法，虽然这样可以使孩子实现一时的安静，却会给辨识能力不强的孩子带来很大的心灵创伤。

3.家长喜欢灌输“卑微”的思想观念

他们经常对孩子说，家境不好、没权没势、本事不高，要少与别人结怨，夹着尾巴做人是正常的。长此以往，孩子会感觉十分自卑，认为自己总是比别人矮半截。

4.过分溺爱孩子

怯懦性格还与从小饱受家庭溺爱、过分袒护、娇生惯养有关，也受缺乏意志力锻炼的影响，性格偏内向、感情偏软弱的人如果得不到正确指引和有效锻炼，性格就容易转向怯懦。

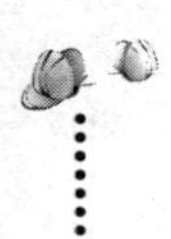

所以，我们一定要想办法矫治这类性格缺陷，使人们可以过上正常的生活。具体可以参考以下几种方法：

首先，不怕失败。

许多人之所以怯懦，无非就是对自己没信心，害怕失败。害怕会让人束缚手脚，不敢行动，越是不做就越害怕，一经进入这样的循环往复，怯懦就会进一步加深。对于这类人，实践是根治怯懦最行之有效的办法，虽然每个怯懦的人都清楚地知道人要靠自己的力量生活，可他们却还是怯于行动。最后要学会用自我加油、自我鼓励、自我暗示等方法来培养自己无所畏惧的气质。

其次，敢于直视对方。

与人交谈时坚持盯住对方的鼻梁位置，使对方明白你在正视他的眼睛。学会面对面地迎着他人走上前去。开口说话时声音洪亮并掷地

有声，结束时也会很有力度。反之，若开口讲话就是柔弱无力，结束时也会显得很软弱。学会适时地保持沉默，将说话的压力推给别人。

当你准备去见一个不太熟识的人时，事先找好话题并列好单子。将演讲的开头和结尾熟记于心，这样交谈起来才能口若悬河、滔滔不绝。精通本职工作，有能力才会有信心，也才能感到自己作为一个社会人的价值。

记得，曾经有个朋友给我推荐了一本《九型人格》，结果，我看了前面便没能再看下去。一方面，我觉得这本书给人贴的标签很容易把人定型，容易给人一种心理暗示——我就是某个人格类型的人，你一旦给自己贴上这样的标签，定型了，自我暗示了，那么你可能很难再把这个标签撕下来。而我在乎的是一本书能否给我们带来心灵的成长，能否让自己有自我实现的冲动，能否产生解决自己心理问题或心理疾病的效果。

对于人格，在我的内心深处是这样看的：人固然有其天生加上成长背景形成的性格特点，但人是可塑的，流动的，是可以被有意向性地改变的（当然是自己的意向性）。这样我们才有获得自由和救赎的可能性，你认为呢？

如果你是一个“付出型”的人，一旦有一天不需要你付出，或者你自主地不愿意继续付出了，你就会产生内疚感；再比如，假设你的早年抚养你的人当中有一个比较强势的索取型的人，那么在你的无意识模式里，早就深深烙下了与这个人相处的模式。于是这种模式出现在你处事待人的行为和心理当中，同时也指引着你这样去做。

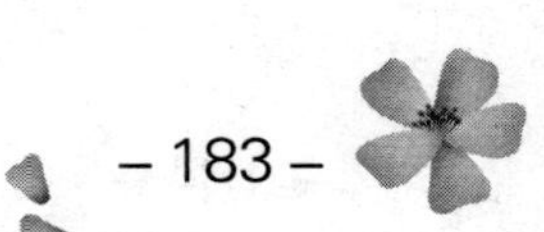

其实我们大多数人都是自卑的。这种不良的情绪确实会给自己的生活和工作带来诸多的困扰，所以你肯定需要经历一番内心的挣扎和历练。那就是，从现在开始，有意识地让自己学会肯定自己，欣赏自己，相信自己。学会允许自己犯错，然后最快地去原谅自己，放下前一秒钟的事情，让自己活在当下。

没有人是十全十美的，我们可以性格不好，也可以有很多毛病。其实，这样就是说，我们要先接受这个我，这就是我，我喜欢我，我可以做错。这样才能完成第一步的改变。你只有开始喜欢自己，认同自己了，那么你才有可能会变得自信起来，然后才会去做自己想做的事情，表达自己想表达的事情。你才有勇气去尝试和冒险。

也许有人说，我经常感到焦虑，该怎么办呢？应对它的最好办法是承认它的存在，然后相信命运。打个比方吧，当你担心明天还能不能活着的时候，就这样对自己说：如果注定我明天要死，那么也没有办法，如果我注定明天不死，那么怎么样都不会死。其实，命运是很公平的，很多时候它可以让人获得内心的自由。另外，我们还可以用学习来充实自己，书本是可以给人精神的慰藉和力量的，如果有可能自己成为自己的心理师也是一件不错的事。

佛说，万法唯心造。也就是说，你相信什么，大约什么就会成真。当然，如果你的表面意识告诉自己说“我会成为自信漂亮的女人的”，但是你的内心深处和你的无意识却相信“不，我永远不可能变得自信漂亮，我永远只会是一个懦弱型人格的人”，那么，表面的相信是没有用的，真正产生作用的是你的内心深处和无意识的力量。所

以，你要经常地去寻找自己，和你的内心深处作对话和沟通，这样自己的内心才会逐渐强大起来。

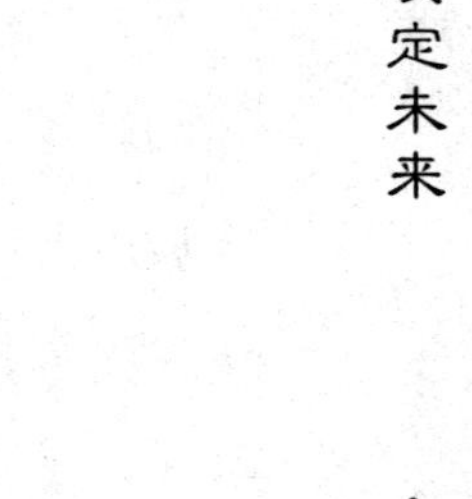

◎ 狭隘型人格

雨果说："世界上最宽广的是海洋，比海洋更广阔的是天空，比天空更广阔的是人类的心灵。"人一旦拥有了宽广的心胸，彼此之间的交流与相处就会更加美好、和谐。然而在实际生活中，一些人的心胸远谈不上广阔。

受功利主义的影响，人心中的"狭隘"只增未减。心胸狭隘常常表现在遇事斤斤计较、睚眦必报、久不释怀，经常嫉妒、挑剔、容不下人等，也就是人们常说的"气量小"。心胸狭隘的人经常会伤害到别人的感情而影响自己的人际关系，也常会带给自己烦恼和苦闷，影响自身的情绪和外在形象。因此，狭隘的心胸对别人、对自己都没有好处。

历史上就有很多心胸狭隘之人。比如，庞涓是狭隘的，他不愿孙膑胜于他，施加毒手，最后兵败身亡；周瑜是狭隘的，他不肯诸葛亮胜于他，百般暗算，最后被诸葛亮三气吐血而死；慈禧下棋，别人吃她一马，她杀对方一家，死后为人们所辱骂……这都是有了狭隘之心的结果，告别狭隘之心，以宽容的胸襟包容他人，则助信于他人，也成就了自己。

你是否经历过以下这些情况？

为一点儿小挫折或失败就寝食难安；听到他人讲你坏话后长时

间不能释怀；不能正确对待、接受领导或同事的批评；只和与自己水平相当的朋友接触；不能接受他人对自己有意见、分歧或比自己强的人……

如果有，表示你心胸不太开阔，甚至有点狭隘。当你发现自己有狭隘的倾向，一定要尽力克服，因为心胸狭隘会使人耐受挫折能力降低、情绪不佳，无法结交更多知心的朋友。所以，狭隘有百害而无一利。要想改变这一不良性格，建议从以下几个方面加以注意。

1.培养健康有益的人际关系，将小我融汇在大我之中

如果只结识与自己相当或不如自己的人，就会永远囿于小圈子内。

2.开阔视野，拓宽心胸

休息时，从学校、办公室、家庭中逃离出去，深入大自然感受其博大。广阔的大海会让你感到自己的渺小。从狭窄的个人圈子中走出来，就不会鼠目寸光，只看到一己得失。

3.要想消除偏见，必先创造宽容的社会环境

而要根除偏见就必先根除狭隘思想。只有永除狭隘之心，才能营造人与内心、人与人、人与社会的和谐。我们不仅要自身快乐，还要将快乐分享给周围的亲朋好友，甚至是陌生人。因为快乐的分享可以使你感受到更高层次的快乐。安德鲁·马修斯曾说：“一个脚跟踩扁了紫罗兰，而它却把香味留在那脚跟上，这就是宽容。”请记住这句话。

4.确定积极进取的生活目标

一个人活在世上就应该为社会、为别人、为自己创造或留下一些东西。如果确立一个积极的目标，将目光放得长远，就不会患得患失，遇事斤斤计较了。积极应对艰难困苦；遇到困难时仔细分析找到应对办法；进行方法比较后再制订计划并贯彻执行。这样就会在实践中不断感受进步，而不是浪费时间怨天尤人。

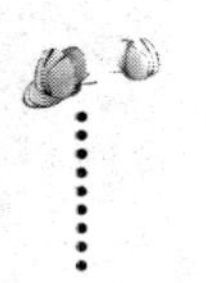

◎ 边缘型人格

心理学家为我们指出，一个拥有边缘型人格障碍的人际关系、自我形象和感情的不稳定以及显著的冲动性特点的人，他身上的这些特点起自早期成年时，前后过程多种多样，但具体表现在以下九项：

（1）疯狂的努力以避免真正的或想象出来的遗弃；

（2）一种不稳定的强烈的人际关系，其特点是从极端理想化到极端的贬低之间变来变去；

（3）身份障碍：对自我形象或自我感觉的显著和持久的不稳定变化。

（4）至少在两个领域方面出现冲动性，有潜在的自我毁灭可能性，例如，浪费、性、药物滥用、鲁莽的驾驶、狂吞滥饮。注：不包括第5项的自杀或自伤行为。

（5）反复发生自杀行为、自杀姿态、或威胁，或者自伤行为。

（6）由于显著的心境反应而情绪不移定。例如，心境恶劣强烈发作，激惹，既焦虑持续数小时，很少会超过几天。

（7）长期的空虚感。

（8）不合适的强烈愤怒，或难以控制的发怒。例如，常发脾气、发怒、殴斗。

（9）短暂的与应激有关的偏执观念或严重的分离性症状。

许多人经常感觉人际关系紧张，总幻想自己被亲人抛弃，被朋友背叛，于是选择逃避。这种心理上的孤独感会在事实上造成自己的孤立。其实，这些人是患上了“边缘型人格障碍”（BPD）。

有关调查显示，在中国有较多的人患有这种心理障碍。

李淑慧曾经是一名医生，她在工作期间，换过好几家医院，平均在每家工作的时间都不到半年。对此，她一脸无奈地说：“每次我都想有个好的开始，我努力融入新环境，但最后总是失望。”无论什么时候，她与周围的人都是一副很亲密的样子，可一听到别人对她的否定意见，她就立即情绪失控。她这种表现就是“边缘型人格障碍”的显著性特征之一。

“边缘型人格障碍”（BPD）已经无声无息地潜入大众生活。北京阿尼玛心理分析研究与咨询室心理专家赵晨滨表示，通常统计学数据显示，边缘型人格障碍患者中女性居多。但由于男性暴力破坏性较强，BPD男性患者多被误诊为“反社会型人格障碍”。比如，焦虑时寻衅更壮硕的男子、打架斗殴导致被拘留这种逃避抛弃和自毁行为，常常不被认为是BPD的表现。

我们继续说上述案例中的李淑慧，她一直被“我被抛弃了，到底该怎么办”这样的“事实”纠缠着，即使停职了，她的内心也不得安宁。于是，无人交流的痛苦使难以忍耐的空虚感不断涌上心头，她只能不停地给以前的同事打电话，即使是在凌晨时分。这种异常行为更使同事们对李淑慧敬而远之。

其实，刚开始工作时，李淑慧觉得每个同事都是善良单纯的。当

发现没有人接受她午夜的电话倾诉、手拉手地上卫生间的亲密后，立刻觉得办公室变成了“把天使堕落成魔鬼的地狱”，嫌恶和批评每天都搅得她心神不宁，情绪会忽然亢奋，忽然又抑郁。

DSM—IV—TR（国际通用的诊断标准）显示，BPD患者的人际关系紧张，因为他们对别人的期望总是很高，而后又极度失望。他们的世界中充斥着“全好”和“全坏”，当假想的依赖对象无法满足要求时，便产生厌恶感和抵触情绪。面对复杂的人际关系，他们通常选择逃避现实的解决方式。

BPD在强化“世界无法信赖”这一观念的同时，总以背叛依赖对象来测试对方的容忍度。比如，有些男性轻度BPD患者，在追求不可能成为伴侣的女性失败后，会以自我否定、自残来“惩罚过错”。一旦女方答应交往，他们又怀疑对方的诚意，立即抛弃对方。

值得注意的是，面对偶尔的分离或者孤独，BPD患者会表现出难以抑制的自我否定：“我失去了知觉，我什么也不是。”哪怕只是晚饭时父母的沉默也会使其不知所措。感受自己存在的通常方式是疼——用玻璃碎片、剪刀、烟头自残。面对血迹斑斑的伤口和被弄脏的衣服，又会感到自卑和悔恨。

不难看出，BPD患者伴有高度人际焦虑、低自尊，缺乏缓解压力的其他策略。

BPD患者缺乏一贯的认同感，主要表现在对自我形象、性别取向、职业选择、价值偏好等的不确定。

不愉快的生活经验告诉BPD患者，按照自己意愿尝试的事情都可

能是错误的、被责备的、被处罚的，这使他们感到自己一无是处。而同时他们绝大多数又是“完美主义者”，诸如电脑出现病毒这样与自身毫无关系的事情，也会让他们被焦虑、恐慌和自责吞没。

与“完美”相匹配的是，BPD患者不会“宽恕”自己。

例如，有一位患有边缘型人格障碍的漂亮女子，无论她生活在怎样的赞美声中，当她面对一个她认为更美的女子时，从前的赞美都会灰飞烟灭，她会觉得自己非常丑陋。

其实，很多时候，人们形成边缘性人格障碍多半与父母有关。要知道，母亲抚慰能力的缺损，是造成BPD的主要原因之一。母亲无法提供足够的认可、陪伴等基本的抚慰，而儿童的心理没有适应外界的能力，所以BPD患者不知道如何对自我进行认同、抚慰和调节情绪，他们必须在外界环境中不断寻找可以依赖的客体。

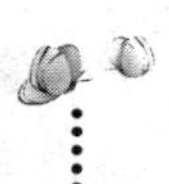

因此，大部分BPD的成年患者通过一纸法律将配偶绑在身边，他（她）之前未满足的依赖需求终于找到了释放的客体。一旦配偶暂时离开自己，像母亲一样抛弃自己的假象和恐惧就会投射出更多敌意，婚外情、酗酒、自虐等过激行为就成了他们测试依赖对象忠诚度的工具。为了证明“我真的存在”，感受不到疼痛的自虐所产生的平静而愉悦的快感，经常成为这类病患摆脱焦虑的特殊药物。BPD患者的童年创伤除了情感虐待，还有躯体虐待、性虐待。这些负面经历使患者脆弱，频繁地将周围的人和事分离开来，面对矛盾难以调节情绪，“完美无缺”与“糟糕透顶”的两极世界由此形成。

现在对于BPD的治疗方法还是有很多的，而且初步也会有比较不

错的效果，比较常用的有以下几种：

第一种方法：家庭疗法

以家庭为对象施行的心理治疗方法。协调家庭成员间的关系，通过交流、扮演角色、建立联盟，达到认同；运用家庭成员的个性、行为模式相互影响的效应，促进家庭成员的心理健康。夫妻治疗（也叫婚姻治疗）是家庭治疗的一种特殊模式。

第二种方法：辩证行为疗法

技能训练是帮助患者抑制不适宜的边缘行为或思维方式的重要方法。技能训练包括单个技能训练和团体技能训练，有4个部分：正念训练（形成正确的观念）、情绪调控训练、有效人际关系训练和忍受痛苦训练。

第三种方法：移情焦点疗法（TFP）

通过移情情景让患者形成正常的身份认同。典型的患者—治疗师移情配对如下：破坏性的小孩–惩罚性的施虐父母；被控制、被激怒的小孩–控制性的父母；没人要的小孩–以自我为中心的父母；失控、愤怒的小孩–无能的父母；依赖、满足的小孩–溺爱、赞赏的父母。

第四种方法：图式疗法

通过关注患者对概念、事物和事件的认知结构和对外界信息的加工过程，帮助患者改变封闭、自我挫败的生活模式或心理图式。治疗的重点是处理与治疗医生的关系、日常生活及童年心理受创的经历。

◎ 分裂型人格

分裂型人格也可称多重人格，具体是指一种由心理因素引起的人格障碍。在1980年出版的《精神疾病诊断和统计手册》第三版中，把多重人格界定为“在个体内存在两个或两个以上独特的人格，每一个人格在一特定时间占统治地位。这些人格彼此之间是独立的、自主的，并作为一个完整的自我而存在”。

一般说来，在任何特定的时间阶段，内部诸意识层的只有一种身份，称为主体人格。此时所有的情感、思想和言行都按照主体人格的方式活动，不显出另一身份的痕迹。通常是在受到精神刺激之后，可突然转变为另一完全不同的身份，一切情感、思想和言行按照后继人格的方式行事。这时，个体对过去的身份完全遗忘，仿佛从心理上另换了一个人。从一种人格到另一种人格的转化通常是突然发生的，当后继的人格开始“执政”时，原先的主体人格是意识不到的，并忘记已发生过的事情。

在精神分析学派看来，多重人格的实质是心理过程的分离，一部分行为和经验被单独保持，彼此之间没有交流，后继的人格通常能意识到主体人格的存在，但把它看作为客体（“他”、“她”或“它”），而把自身看作为主体（“我”），当分离尚未全面时，主体人格还有可能意识到另一种人格的存在，但通常把自身看作

“我”，而把另一种人格看作为“他”、“她”或“它”。可是，当分离全面进行时，主体人格便会忘却自己的身份，并由后继人格取而代之。正如心理学家P·费登所说，在这种情况下，“主体的经验类似幻觉，从中产生的‘思想’被体验为好像它是一种由外部刺激引起的‘知觉’”。

后继人格和主体人格在其情感、态度、知觉和行为等方面是非常不同的，有时甚至处于剧烈的对立面。在主体人格是积极的、友好的、顺应社会的和有规可循的地方，后继人格可能是消极的、攻击的、逆社会的和杂乱无章的。

J·G·沃特金斯和R·J·约翰逊的研究表明，如果个体在童年期所处的家庭环境是蛮横的和被忽视的，那么这个儿童的需要就会常常遭受挫折，从而引发愤怒或不满。如果这一环境对儿童的愤怒或不满拒绝接受，或者说在儿童的愤怒或不满出现时立即予以处罚，则儿童就会被迫压抑真正的情感，仅仅展现社会认可的遵奉行为。于是，儿童处于矛盾或冲突之中：一方面为避免处罚而压抑真正的情感，另一方面被压抑的情感并未消失，而是想千方百计出来表现一番。在这种情况下，儿童只有通过创造想象中的游戏伙伴，即把自我中的有些部分体验成客体（“他”、“她”或“它”），借此与孤独或寂寞作斗争。

所以，凡那些无法为父母或其他成人接受的行为，或者经常受到处罚的冲动，便有可能被分离出来，压抑入想象中的游戏伙伴之中：我是好人，他是坏人。这里，“我”是主体人格，“他”是另一种人

格或后继人格。此时，主体人格尚能意识到另一种人格的存在，把自身看作为主体，把另一种人格看作为客体（即想象中游戏的伙伴）。

但是，当挫折持续存在的时候，当愤怒或不满，因为不断拒绝或惩罚而变得日益增强时，这种愤怒或不满就会越来越多地被压抑成分离的人格部分。为了保持这些被压抑的东西，后继人格和主体人格之间的“隔墙”就会加厚，并且就会渗透。慢慢地，主体便不再意识到它的存在。

而且随着年龄的增长，特别是在青春期，环境对个体的外部要求有可能变得更大。对个体来说，由这些外部要求引发的挫折和不满也不可能变得更多。于是，在“隔墙”的那一边，被压抑的东西就会越来越多，所占“空间”就会越来越大，从而削弱了主体人格。由于那个被隐匿和分离的人格强烈要求表现自己，它就会周期性地接管主体人格，成为后继人格。这种接管方式是以激烈的和交替的人格变化表现出来的，具有周期性的性质。当后继人格在一特定时间接管主体人格时，它的攻击和憎恨，以及其他主体人格无法接受的紊乱行为，会变得格外明显。极端的表现是：如果这种后继人格指向他人，便会导致杀人；如果指向主体人格，便会导致自残或自杀。当然，不是所有的患者都表现出这种两种相对独立性的行为。

分裂型人格障碍是日常生活中和医学心理咨询门诊中比较常见的人格障碍。据上海市青少年心理健康调查资料显示，其中分裂型人格障碍占人格障碍总数的29%左右，接近1/3，而且男性多于女性。

《中国精神疾病分类方案与诊断标准》（CCMD-2-R）中对分

裂型人格障碍的特征表述为：

（1）对人冷淡，对亲属也不例外，缺少温暖体贴。

（2）表情淡漠，缺乏深刻或生动的情感体验。

（3）有奇异的信念，或与文化背景不相称的行为，如相信透视力、心灵感应、特异功能和第六感官等。

（4）不寻常的知觉体验，如过性的错觉、幻觉、看见不存在的人。

（5）多单独活动，主动与人交往仅限于生活或工作中必需的接触，除一级亲属外无亲密友人。

（6）奇怪的、反常的或特殊的行为或外貌，如服饰奇特、不修边幅、行为不合时宜、习惯或目的不明确。

（7）言语怪异，如离题、用词不要、繁简失当、表达意见不清，并非文化程度或智能障碍等因素所引起。

患者症状至少符合上述项目中的三项，即可诊断为分裂型人格障碍。

从以上的诊断标准可以看出，分裂型人格障碍患者主要表现出缺乏温情，难以与别人建立深切的情感联系，因此，他们的人际关系一般很差。他们似乎超脱凡尘，不能享受人间的种种乐趣，如夫妻间的交融、家人团聚的天伦之乐等，同时也缺乏表达人类细腻情感的能力。故大多数分裂型人格障碍患者独身。即使结了婚，也多以离婚告终。

一般说来，分裂型人格障碍患者对别人的意见也漠不关心，无论

是赞扬还是批评，均无动于衷，过着一种孤独寂寞的生活。其中有些人，可以有些业余爱好，但多是阅读、欣赏音乐、思考之类安静、被动的活动，部分人还可能一生沉醉于某种专业，做出较高的成就。但从总体来说，这类人生活平淡、刻板，缺乏创造性和独立性，难以适应多变的现代社会生活。

这类人的性欲淡漠也颇为突出，他们可称“不近女色”的模范。内心世界极其广阔，常常想入非非，但常常缺乏相应的情感内容，缺乏进取心。他们总是以冷漠无情来应付环境，以“眼不见为净”的方式逃避现实，但他们这种与世无争的外表不能压抑内心的焦虑和敌意的痛苦。

分裂型人格障碍患者可以适应人少的工作，如图书馆书库、山地农场林场等，他们更容易从事宗教和过隐居生活，但很难适应人员众多的场合和需要交际的工作。

分裂型人格很容易让人联想起另一个词：精神分裂症。一般认为，分裂型人格容易诱发精神分裂症，但一直没有令人信服的证明。有些学者研究表明多数精神分裂症患者病前有分裂型人格，而另一些学者的研究发现，对分裂型人格障碍患者持续观察15年~20年后，极少有变为精神分裂症的，分裂型人格障碍患者的血清中也并无较一般正常族群更多的精神分裂症病患特征。因此，分裂型人格与精神分裂症和遗传的关系尚待证实。

分裂型人格障碍的形成一般与人的早期心理发展有很大关系。

人出生以后，有很长一段时间不能独立，需要父母亲的照顾，在

这个过程中，儿童与父母的关系占重要地位，儿童就是在与父母的关系中建立自己的早期人格的。在成长过程中，尽管每个儿童不免要受到一些指责，但只要他感觉到周围有人爱他，就不会产生心理上的偏差。

但是，如果儿童终日不断被骂、被批评，得不到父母的爱，儿童就会觉得自己毫无价值。更进一步，如果父母对子女不公正，就会使儿童是非观念不稳定，产生心理上的焦虑和敌对情绪。有些儿童因此而分离、独立、逃避与父母身体和情感的接触，进而逃避与其他人和事物的接触，这样就极易形成分裂型人格。

对分裂型人格障碍患者的治疗，最主要的就是要纠正孤独离群性、情感淡漠和与周围环境的分离性。具体方法如下：

1.提高认知能力

要让患者自己懂得孤独不合群、严重内向的危害有多么大，让其自觉投入心理训练。同时要对其讲清训练的方法、步骤、目的和注意事项，使其能够积极配合实施。

2.制定训练评分表

自我评分，每天小结，每周总结。8周~12周为一疗程。施治者（医生、专业人员、家长等）每周核对记录并作出评价。

◎ 攻击型人格

攻击型人格又称冲动型人格，分主动攻击型人格与被动攻击型人格两种，是青年期和中青年期常见的一种人格障碍。

攻击型人格障碍是一种以行为和情绪具有明显冲动性为主要特征的人格障碍，又称为暴发型或冲动型人格障碍，通常还有以下特点：

（1）情绪急躁易怒，存在无法自控的冲动和驱动力。

（2）性格上常表现出向外攻击、鲁莽和盲动性。

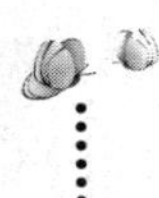

（3）冲动的动机形成可以是有意识的，亦可以是无意识的。

（4）行动反复无常，可以是有计划的，亦可以是无计划的。行动之前有强烈的紧张感，行动之后体验到愉快、满足或放松感，无真正的悔恨、自责或罪恶感。

（5）心理发育不健全和不成熟，经常导致心理不平衡。

（6）容易产生不良行为和犯罪的倾向。

上述表现是主动攻击型的表现。

还有一种被动攻击型形式，被动攻击型人格障碍患者以被动的方式表现其强烈的攻击倾向。这类人外表表现得被动和服从、百依百顺，内心却充满敌意和攻击性。例如，如果与人有约，故意晚到，故意不回电话或回信，故意拆他人的台，导致工作无法进行；顽固执拗，不听调动，拖延时间，暗地里破坏或阻挠。他们的仇视情感与攻

击倾向十分强烈，但又不敢直接表露于外，他们虽然牢骚满腹，但心里又依赖权威。

主动攻击型人格障碍与反社会型人格障碍相类似，但又有区别。

一般说来，主动攻击型人格呈现较为持久的攻击言行，缺乏自控能力，以对他人攻击冲动为主要表现；反社会型人格主要表现对他人和社会的反抗言行，具有屡教难改，明知故犯，常以损人不利己的失败结局告终，不能吸取经验教训。简言之，主动攻击型人格的行为以自控能力低下为特点，而反社会型人格则以行为不符合社会规范为特征。

攻击型人格障碍产生的原因主要有以下几个方面：

1. 家庭原因

一般说来，攻击性与家庭教育有较大关系。被父母溺爱的孩子往往个人意识太强，受到限制就容易采取“还击”；专制型的家庭，儿童常遭打骂，心理受到压抑，长期郁结于内心的不满情绪一旦爆发出来，往往会选择较为激烈的行为来发泄积怨。而且，“种瓜得瓜，种豆得豆”，孩子还会模仿家长的攻击行为。

2. 生理原因

大量动物实验与临床资料表明，攻击行为有其生理基础。一些生理学家提出，小脑成熟延迟，传递快感的神经道路发育受阻，因而难于感受和体验愉快与安全，可能是攻击行为发生的因素。有人报告，暴力犯罪者中脑电波异常多见，特别是脑叶的慢波活动与正相尖波，在普通人群中为2%，在攻击型人格患者中则为14%。另外，攻击行为

还与人体内分泌腺和雄性激素分泌过多有关。

3. 心理原因

（1）角色的认同与攻击性

这一特征在男性身上表现得尤为明显。进入青春期的男孩，自以为已经长大成人了，而且特别热衷于对男子汉角色的认同和片面理解，强调男子汉的刚毅、果敢、义气、力量、善攻击等特征，因此，他们会在同龄人面前，特别是有异性在场时表现出较强的攻击性，以证明自己是一个男子汉。

（2）自卑与补偿

每个人都可因自己身体状况、家庭出身、生活条件、工作性质等产生自卑心理，有自卑心的人常寻求自卑的补偿方式。当以冲动、好斗来作为补偿的方式时，其行为就表现出较强的攻击性。

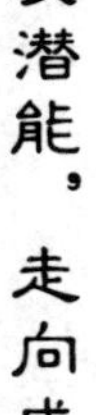

（3）自尊心受挫

每个人都有自尊心，当一个人的自尊心特别强的时候，如果经受挫折，往往反应特别敏感、强烈。挫折是导致攻击行为的一个重要原因。“挫折攻击”理论提醒我们：生活中每个人或多或少都会有挫折，因而每个人都有攻击性；挫折越大，越可能出现攻击行为，甚至使用暴力。

4. 社会原因

随着社会的不断发展，各种诱惑频繁出现，而青年人又抵制不了各种新鲜事物的吸引，极易受到各种武打、凶杀的小说和电影的影响，容易产生模仿和认同。另外，社会上流行的“老实人吃亏”的观

念也易使青年人产生攻击性行为。

对攻击型人格障碍的治疗，可以从以下几个方面着手：

1. 使其能正确认识自己

人只有认识自己，才能有意识地去改变自己，尤其是认识自己外部的变化和心理的变化。进入青春期的男孩不能仅仅停留在对自己身体的某些外部特征和外部行为表现的认识上，还要鼓励他们经常反躬自问和独立反省，完善自我，把精力用到学习、成才上去。

2. 多做运动

开展多种形式的业余文艺、体育活动，让青春期男孩体内的内在能量寻找一个正常的释放渠道。另外，培养各种爱好和兴趣，使其情操得到陶冶，从而健康成长。

3. 进行心理访谈

对这类患者进行深入细致的心理访谈，可以有效地帮助其正确对待挫折。人生在世会有这样或那样的挫折，要正视挫折，总结经验，找到受挫折的原因并加以分析，而不是一遇挫折就采取攻击行为。通过各种手段培养他们的承受能力，并能对挫折采取积极的富有建设性的措施。

（1）培养必要的涵养

大事化小，小事化了；将心比心，互相尊重；适度容忍，宽以待人，避免产生攻击行为。

（2）补偿作用

受挫后，尽量用另一种可能成功的目标来补偿代替，以获得集

体、他人对自己的承认，充分表现自己的能力，获得心理上的快慰感。

（3）积极的表率作用

“榜样的力量是无穷的”，尽量让他们学习好的行为榜样，从积极的方面引导他们。

（4）升华作用

即使受挫，也要尽量转移到较高的需要与目的上去，把攻击的能量转移到学习、工作上来。

4. 运用行为治疗的系统脱敏技术

这是一种比较先进的治疗手段，可以帮助患者克服行为的冲动性。首先，施治者需找出一系列让求治者感到冲动的事件，通常这是靠求治者，让求治者给出他对这些情境事件感到的主观干扰程度，即SUD。

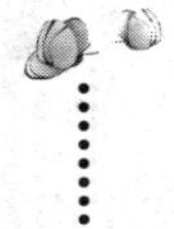

治疗者按各事件的SUD将它们排列为一个等级，这个级被称为冲动事件层次。治疗开始，首先让求治者放松三五分钟。施治者可以用语言暗示帮助求治者放松。当求治者开始做这一动作时，施治者口头指示求治者想象冲动事件层次中SUD程度最轻的事件，让求治者口头报告在该情境清晰地出现在头脑中时，他所体验的SUD程度。然后施治者指示求治者又进入放松状态，重复前面的过程，让求治者再想象刚才的事件，报告SUD程度。这样多次反复，如果求治者对这一冲动事件报告的SUD逐渐下降至某一较低水平且不再下降时，则可以认为求治者对这一事件的冲动已经消失。施治者便可换用冲动事件层次中的下一个事件，直至求治者对所有事件的冲动均基本消失。

◎ 表演型人格

表演型人格障碍，亦称“癔病人格障碍”、“寻求注意型人格”、“戏剧化人格”，属于人格障碍的类型之一，以人格不成熟，过度情绪化，行为夸张为特征的人格障碍。

比如，有这样一位女性，工作认真，学习努力，各方面表现得都不错，可有一点与众不同，总喜欢高谈阔论，有意无意标榜自己。在爱情方面，吹嘘帅哥们是如何欣赏她，追求她，而她又是如何刁难他们，大放厥词，为了引人注意，甚至不顾个人尊严。而且平时喜怒无常，高兴时嘻嘻哈哈，劲头十足，稍不顺心，大吵大闹，弄得人际关系十分紧张。一天，正当她瞎吹时，经一位朋友提醒，她顿时觉得自己并非魅力超群，立刻萎靡不振，非常难过。然而，伤心归伤心，以后她依然我行我素。

她的这些“毛病”，就是一种较为典型的表演型人格障碍的特征。

表演型人格又称歇斯底里人格，其典型的特征表现为心理发育的不成熟性，特别是情感过程的不成熟性。具有这种人格的人，最大特点是做作、情绪表露过分，总希望引起他人注意。此类型人格障碍多见于女性，各种年龄层次都有，尤以中青年女性为常见，一般年龄都在25岁以下。

目前，对于表演型人格障碍产生的原因的研究还不够完整，一般

认为，这种人格障碍的产生与早期家庭教育有关，父母溺爱孩子，使孩子受到过分保护，造成生理年龄与心理年龄不符，心理发展严重滞后，停留在少儿期的某个水平，因而表现出表演型人格特征。另外，患者的心理常有暗示性和依赖性，也可能是本类型人格产生的原因之一。

表演型人格障碍是一种以过分感情用事或夸张言行以吸引他人注意为主要特点的人格障碍。具表演型人格障碍的人，其行为反应模式有下述特点：

（1）活泼好动，性格外向，不甘寂寞。例如，在人多的场合，愿意成为大家注意的中心。

（2）与他人交往时感情用事，感情胜过理智。

（3）这些人常常奇装异服，在服装上追时髦，“赶新潮”，目的是吸引别人对自己身体的注意。

（4）这些人具有表演才能，他们平时与人接触交往，就像一位戏剧演员在舞台上演戏一样，表情丰富，谈话内容过分夸张。

（5）自我中心，在人际交往中只考虑自己的需求，丝毫不考虑别人当时的实际情况，为此常常造成人际关系紧张。

（6）对人际关系的亲密性看得超过实际情况。例如，觉得自己有很多知心朋友，但实际情况并非如此，只能说这是他的一厢情愿而已。

（7）在人际关系受挫折或应激情况下，较易产生自伤或自杀行为。其自伤行为一般程度较轻，常常只是表皮划伤等，较少见伤及深

部的血管和神经，带有表演性。

（8）暗示性增强，很容易接受他人或周围情景的影响，这与他们在日常生活中缺乏冷静分析的头脑有一定关系。

据有些专家学者的意见，以上8项只要有5项，就可确定表演型人格障碍诊断，所具有的项目数越多，人格障碍程度就越严重。

依据美国的《心理障碍诊断与统计手册》第四版（DSM-IV），诊断标准如下：

一种夸张的情绪与注意力吸引模式，起病于青年早期。具备下述五种以上的特征（含五种）将被诊断为表演型人格障碍。

（1）如果不是注意的焦点将感到不适。

（2）与他人交往过程中经常表现出性引诱以及夸张的行为特点。

（3）情绪多变。

（4）对于自身外表持续不断的关注。

（5）说话方式给人印象深刻但内容空洞。

（6）展现出戏剧化、夸张的情绪表达。

（7）受暗示性强。

（9）考虑与他人关系的亲密程度高于实际情况。

表演型的症状表现主要有：

（1）引人注意，情绪带有戏剧化色彩。这类人常好表现自己，而且有较好的艺术表现才能，唱说哭笑，演技逼真，有一定的感染力。有人称她们为伟大的模仿者、表演家。她们常常表现出过分做作和夸张的行为，甚至装腔作势，以引人注意。

（2）高度的暗示性和幻想性。这类人不仅有很强的自我暗示性，还带有较强的被他人暗示性。她们常好幻想，把想象当成现实，当缺乏足够的现实刺激时便利用幻想激发内心的情绪体验。

（3）情感易变化。这类人情感丰富，热情有余，而稳定不足；情绪炽热，但不深，因此，他们情感变化无常，容易激情失衡。对于轻微的刺激，可有情绪激动的反应，大惊小怪，缺乏固有的心情，情感活动几乎都是反应性的。由于情绪反应过分，往往给人一种肤浅，没有真情实感和装腔作势，甚至无病呻吟的印象。

（4）视玩弄别人为达到自我目的的手段。玩弄多种花招使人就范，如任性、强求、说谎欺骗、献殷勤、谄媚，有时甚至使用操纵性的自杀威胁。他们的人际关系肤浅，表面上温暖、聪明，令人心动，实际上完全不顾他人的需要和利益。

（5）高度的自我中心。这类人喜欢别人注意和夸奖，只有投其所好和取悦一切时才合自己的心意，表现出欣喜若狂，否则会攻击他人，不遗余力。此外，此类患者还有性心理发育的不成熟，表现为性冷淡或性过分敏感，女性患者往往天真地展示性感，用过分娇羞样的诱惑勾引他人而不自觉。

表演型人格障碍的形成与基因和家庭环境相关。研究显示，成长在对孩子缺乏关爱与期望、性滥交家庭背景的孩子更易发展成表演型人格障碍。此外，表演型人格障碍与反社会型人格障碍存在着紧密的关系。美国的统计研究表明2/3的表演型人格障碍的患者达到了反社会型人格障碍的标准。这两种心理障碍的潜在人格特质有相似的一面，

只是男女的表达形式不同罢了。女性更多通常以“表现型”的人格反映出来，而男性更多以“反社会型”的暴力人格表达出这种潜在人格特质。

表演型人格障碍是一种比较棘手的心理障碍。即使在心理学最发达的美国临床治疗效果也很不乐观。这种心理障碍呈现出高自杀率，在国外经常采用住院治疗。心理疗法方面可以采用认知行为疗法和精神分析疗法对其成长史进行深入分析。但临床上应用最多的还是认知行为疗法。治疗集中在改善患者的人际交往上，并且教会她们如何表达她们的渴望与需要。虽然目前尚无较好的具体治疗方法，但应持积极态度进行矫治。

1. 提高认识，帮助患者了解自己人格中的缺陷

只有正视自己，才能扬其长，避其短，适应社会环境。如果不能正视自己的缺陷，自我膨胀，放任自流，就会处处碰壁，导致病情发作。

2. 情绪自我调整法

表演型人格的情绪表达太过分，旁人常无法接受。具有此种人格的人要想改变这种情况，首先要做的便是向自己的亲朋好友作一番调查，听听他们对这种情绪表达的看法。对他们提出的看法，千万不要反驳，要扪心自问，这些情绪表现哪些是有意识的，哪些是无意识的；哪些是别人喜欢的，哪些是别人讨厌的。对别人讨厌的要坚决予以改进，而别人喜欢的则在表现强度上力求适中，对无意识的表现，可将其写下来，放在醒目处，不时自我提醒。

此外，还可请好友在关键时刻提醒一下，或在事后请好友对自己今天的表现作一评价，然后从中体会自己情绪表达过火之处，以便在以后的情绪表达上适当控制，达到自然、适度的效果。

3. **升华法**

前面讲过，表演型人格患者有一定的艺术表演才能，那么我们就不妨“将计就计”，让她们把兴趣转移到表演艺术中去，使患者原有的淤积能量到表演中去得到升华。我们都知道，许多艺术表演都有一定的夸张成分，为了使观众沉浸到剧情中去，演员必须用自己的表情、语言去打动他们。因此，表演型人格的人投身于表演艺术是一条很有效的自我完善之路。

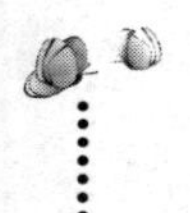

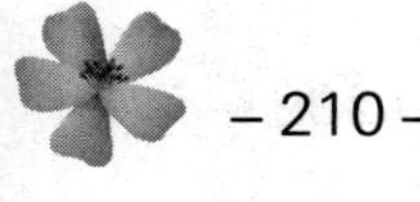

◎ 反社会型人格

反社会型人格，又称社会病态，是指有各种异常社交行为表现的一种情况，其特点是童年或青少年以来开始有失职、犯罪行为而后又缺乏自责悔恨之心，病理性的说谎，不负责任，难以维持人与人之间的关系。多见于男性。所谓人格障碍，是指儿童期或青少年期发展起来的严重人格缺陷，或者人格在总体上不适应的一类精神异常。反社会型人格也称精神病态或社会病态、悖德性人格等。在人格障碍的各种类型中，反社会型人格障碍是心理学家和精神病学家所最为重视的。

美国精神病协会编的《诊断与统计手册》一书指出，反社会型病态是“不能有效地忠于个人、集团或社会价值，严重的自私、无情、不负责任、易于感情冲动及不能感到罪恶，也不能学得经验，不能从受罚中吸取教训”。

反社会型病态特征是油嘴滑舌、自满、耍手腕、制造假象，而此假象又很快由他自己的行为所揭露。即使如此，反社会病态还是以其十分令人信服的方法老练地使他的行为披上合理的外衣。虽然反社会型病态男性比女性更多见，但反社会病态与癔病人格实际上是在不同性别面有不同的类型。这两种病诊断名项的差异更多地反映了男性和女性地位教养的差异，而不是其精神病理学方面的差异。

社会病态虽然不易找到对象，但经常结婚，不久又离婚。据研究

发现，81%的成年社会病态有婚姻问题，12%有嗜酒史，而46%结婚后又离婚。由此可见，他们对结婚和离婚都十分轻率。

社会病态性生活之多重性与他们其他的生活方式很不相适应，即使是临床经验也证实了这一观察。居然反社会病态可以自称在性治疗中是很好的动力，虽然在早期治疗中他们的确是一个“明星演员”，但他们一般不能对其配偶的需要或感情保持足够的关心以获得显著的结果。事实上，他们判断力差，不可信赖，自私自利，这些可能对正在进行心理治疗的配偶产生不良的影响。

社会病态自然病症各人不一。有的症状毫无改善，但有的在20～40岁时可以缓解，原因不清楚，即使缓解后人格可相当稳定，但人与人之间仍然有不易相处的倾向。

人格障碍导致不能适应正常社会生活，表现为情感和意志方面的障碍，但是思维和智能方面无异常，意识清晰。这类人的人格缺陷是持久的、顽固的，多数延续到成年阶段，甚至终身不能改变。

1835年，德国皮沙尔特（Prichard）首先提出了“悖德狂”这一诊断名称，指出患者出现本能欲望、兴趣嗜好、性情脾气、道德修养方面的异常改变，但没有智能、认识或推理能力方面的障碍，亦无妄想或幻觉。后来“悖德狂”的名称逐渐被“反社会型人格”所代替，如今狭义的人格障碍，即指反社会型人格障碍。此种人格引起的违法犯罪行为最多，同一性质的屡次犯罪，罪行特别残酷或情节恶劣的犯人，其中约有1/3~2/3的人都属于此类型人格障碍。其共同心理特征是：情绪的暴发性，行为的冲动性，对社会对他人冷酷、仇视、缺乏

好感和同情心，缺乏责任感，缺乏羞愧悔改之心，不顾社会道德法律准则和一般公认的行为规范，经常发生反社会言行；不能从挫折与惩罚中吸取教训，缺乏焦虑感和罪恶感。

人格障碍不属于精神病，但是根据传统和实际临床诊治情况，属于心理障碍、精神疾病或心理疾病。因此，在处理方法上与精神病不同，患者对自己的犯罪行为要负法律责任，但是量刑较轻。既然是心理疾病，除了社会教育、管理方法或刑事处理外，还应该接受心理治疗和心理训练等综合防治措施，以减轻症状。

人格障碍应该与人格改变有明确区别。人格障碍是心理发育不健全的表现，从儿童期和青少年期就出现人格问题，至成年期呈现明显病理性人格，并延续终身。人格改变或准确地说继发性人格改变，通常出现在成年期，由于严重躯体疾病、脑器质性疾病、精神疾病或严重精神刺激之后发生的人格偏离。

病态人格或反社会型人格障碍的病因与发病机理尚未阐明，但是，据一些心理学家研究分析，认为主要与以下因素有关：

1.遗传

本症在亲属中的发生率与血缘关系成正比，即血缘关系越近，发生率越高。有资料表明，患者双亲的异常脑电图率较高；单卵孪生子的性格一致率较高，脑电图很相似，犯罪率超过双卵孪生子。病态人格的寄养子女与正常对照组相比较，有较高的病态人格发生率。

2.大脑发育不良

脑电图检查证实该类人格患者大脑发育不成熟，可能有过大脑

损害。从病理心理学分析，患者的心理行为具有幼稚、很不成熟的特征，是人格不成熟的病理变化。

3.家庭和社会环境

不少调查表明，童年的精神创伤、不和睦家庭关系、不良家庭教育方式和不良社会环境因素在致病上亦起重要作用。人类人格形成具有很大的可塑性，特别是在婴幼儿和儿童期，这已是公认的事实。

反社会型人格障碍（病态人格）的临床症状特点：

（1）早年开始显露人格偏异，一般在青春期呈现明朗化。

（2）严重人格障碍，性格的某些方面非常突出和过分畸形发展，不符合社会规范。

（3）人格偏异非常顽固难移，延续于整个成年期，到晚年可能渐趋缓和。药物治疗和一般教育措施收效甚微，矫正困难。

（4）社会和人际关系适应不良，常有较严重的反社会行为，屡教屡犯，并以损人不利己的结局告终。

（5）对自己的人格障碍缺乏“自知之明”（医学上称为“无自知力”），因此，不能从失败的生活经验中吸取教训。有时虽能察觉自己的人格问题带来的困难，但却始终不能以正确的认识来有效地改正。

（6）表现为持久的人格不协调，但是并未达到精神病或神经症阶段。

（7）智能和认知能力较好，无精神症状，主要以情感、意志和行为等人格严重偏离为特征。

（8）追求新奇和心理刺激，常是人格障碍患者的一种驱动力，也是经常导致其反社会行为的变态心理动因。概括地说，反社会型人格障碍的人有“七无”特征：

（1）无社会责任感；

（2）无道德观念；

（3）无恐惧心理；

（4）无罪恶感；

（5）无自控自制的心理能力；

（6）无真实或真正感情；

（7）无悔改之心。

反社会型人格的主要特征是极端自私自利，冷酷无情，容易冲动，往往受偶然动机驱使，经常违反道德法纪而不后悔，在犯罪者中约占10%~50%。作出这一诊断时，患者至少须年满18岁，但在15岁以前即出现下列品行障碍：经常逃学，闲荡；因行为不端曾多次被学校开除或勒令退学；曾被拘捕或送交少年法庭；至少有两次离家出走，在外过夜；经常撒谎（并非为逃避责罚）；过早发生性行为；过早吸烟、饮酒，或吸毒；经常偷窃；不止一次故意破坏公共设施；反复挑起斗殴；经常违反家庭或学校规章制度（除逃学、出走外）。

而在15岁后，则主要有下述表现：不能坚持学习或工作，在学习上或工作上不会超过半年；经常旷课旷工；数次离开工作岗位并无就业打算；不遵守社会规范和法律约束，产生违法行为（不论是否被捕），如破坏公物，骚扰他人，偷盗或从事其他非法活动；易激惹或

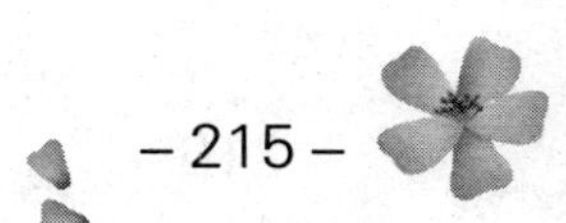

产生攻击行为，常斗殴或殴打妻儿；不履行承诺或义务，欠债不还，不供养子女；生活无计划，仅凭一时冲动，无目的离家出走，无固定住址达一个月；不可信赖，如用假名骗人；行为鲁莽，不记后果；忽视或虐待子女，不尽赡养人义务；无法维持一夫一妻生活超过一年。

由于反社会型人格障碍的病因相当复杂，目前对此症的治疗尚缺乏十分有效的方法。

一般情况下，使用镇静剂和抗精神类药物治疗，只能治标不治本，且疗效不显著；而心理治疗对那些由于中枢神经系统功能障碍而成为反社会型人格的患者又毫无作用。但在实践中发现，对那些由于环境影响形成的、程度较轻的患者，实施认知领悟疗法有一定疗效。

施治者可帮助患者提高认识，了解自己的行为对社会的危害，培养患者的责任感，使他们担负起对家庭、对社会的责任；提高患者的道德意识和法律意识，使他们明白什么事可以做，什么事不能做，努力增强控制自己行为的能力。这些措施对减少患者的反社会行为不失为有效的方法。

少数家庭关系极为恶劣而与社会相处尚可的患者，可以在学校或机关住集体宿舍或到亲友家寄养，以减少家庭环境的负面影响，同时培养其独立生活的能力。个别威胁家庭与社会安全的反社会型人格障碍患者，可送少年工读学校或成人劳动教养机构，参加劳动并限制其自由。

对情节特别恶劣、屡教不改的患者，可采用行为治疗中的厌恶疗法。当患者出现反社会行为时，给予强制性的惩罚（如电击、禁闭

等），使其产生痛苦的体验，实施多次以后，患者一产生反社会行为的冲动，就感到厌恶，全身不舒服，通过这样减少其反社会的行为。然后根据其行为矫正的实际表现，放宽限制，逐步恢复其正常家庭生活与社会生活。

通过上面的介绍我们可以看出，人的病态人格一旦形成，是非常不容易矫正的。虽然心理治疗和行为治疗有一定帮助，但是难以根治。因此，人们必须强调在儿童期和青少年期加强心理卫生教育的重要性，以防日后人格畸形发展，避免对个人、家庭和社会带来不好的影响。

◎ 自恋型人格

自恋型人格障碍的基本特征是对自我价值感的夸大和缺乏对他人的共感性。这类人无根据地夸大自己的成就和才干，认为自己应当被视作“特殊人才”，认为自己的想法是独特的，只有特殊人物才能理解。自恋型人的内心似乎在说：我不爱自己，谁爱我。

自恋型人格障碍患者常有普遍性的人际关系；他们的抑郁情绪、人际困难或不切实际的目标可能影响工作。但另一方面，他们对功利的追逐也可能使他们获得较高的工作成就。

在实际中，他们稍不如意，就又体会到自我无价值感。他们幻想自己很有成就，自己拥有权力、聪明和美貌，遇到比他们更成功的人就产生强烈嫉妒心。他们的自尊很脆弱，过分关心别人的评价，要求别人持续的注意和赞美；对批评则感到内心的愤怒和羞辱，但外表以冷淡和无动于衷的反应来掩饰。他们不能理解别人的细微感情，缺乏将心比心的共感性，因此，人际关系常出现问题。这种人常有特权感，期望自己能够得到特殊的待遇，其友谊多是从利益出发的。

对自恋型人格障碍的诊断，目前尚无完全一致的标准。一般认为其特征主要如下：

（1）对批评的反应是愤怒、羞愧或感到耻辱（尽管不一定当即表露出来）。

（2）喜欢指使他人，要他人为自己服务。

（3）过分自高自大，对自己的才能夸大其辞，希望受人特别关注。

（4）坚信他关注的问题是世上独有的，不能被某些特殊的人物了解。

（5）对无限的成功、权力、荣誉、美丽或理想爱情有非分的幻想。

（6）认为自己应享有他人没有的特权。

（7）渴望持久的关注与赞美。

（8）缺乏同情心。

（9）有很强的嫉妒心。

（10）亲密关系困难（婚姻关系、亲子关系等）。

只要出现其中的五项，即可诊断为自恋型人格。

关于自恋型人格障碍的成因，经典精神分析理论的解释是这样的：患者无法把自己本能的心理力量投注到外界的某一客体上，该力量滞留在内部，便形成了自恋。现代客体关系理论认为，自恋型人格障碍者的特点是“以自我为客体”，通俗地说，就是“你我不分、他我不分”。造成这种现象的原因是，患者在早年的经历中体验过人际关系上的创伤，如与父母长期分离、父母关系不和或者父母对其态度过于粗暴或过于溺爱，等等。有这样一些经历，使得患者觉得自己爱自己才是安全的、理所应当的。

自恋型人格在许多方面与癔症型人格的表现相似，如情感戏剧

化，有时还喜欢性挑逗等。二者的不同之处在于，癔症型人格的人性格外向、热情，而自恋型人格的人性格内向、冷漠。

自恋型人格的治疗方法主要有：

1. 解除自我中心观

自恋型人格的最主要特征是以自我为中心，而人生中最为自我中心的阶段是婴儿时期。由此可见，自恋型人格障碍患者的行为实际上退化到了婴儿期。朱迪斯·维尔斯特在他的《必要的丧失》一书中说道："一个迷恋于摇篮的人不愿丧失童年，也就不能适应成人的世界。"因此，要治疗自恋型人格，必须了解那些婴儿化的行为。你可把自己认为讨人厌嫌的人格特征和别人对你的批评罗列下来，看看有多少婴儿期的成分。例如：

（1）渴望持久的关注与赞美，一旦不被注意便采用偏激的行为。

（2）喜欢指使别人，把自己看成太上皇。

（3）对别人的好东西垂涎欲滴，对别人的成功无比嫉妒。

通过回忆自己的童年，你可发现以上人格特点在童年便有其原型。例如：总是渴望父母关注与赞美，每当父母忽视这一点时，便要无赖、捣蛋或做些异想天开的动作以吸引父母的注意；童年时衣来伸手，饭来张口，父母是仆人；总想占有一切，别的小朋友有的，自己也想有，等等。

明白了自己的行为是童年幼稚行为的翻版后，你便要时常告诫自己：

（1）我必须努力工作，以取得成绩来吸引别人的关注与赞美。

（2）我不再是儿童了，许多事都要自己动手去做。

（3）每个人都有属于自己的好东西，我要争取我应得到的，但不嫉妒别人应得的。

还可以请一位和你亲近的人作为你的监督者，一旦你出现自我中心的行为，便给予警告和提示，督促你及时改正。通过这些努力，自我中心观会慢慢消除。

2. 学会爱别人

对于自恋型的人来说，光抛弃自我中心观念还不够，还必须学会去爱别人，唯有如此，才能真正体会到放弃自我中心观是一种明智的选择。因为你要获得爱，首先必须付出爱。弗洛姆在他的《爱的艺术》一书中阐述了这样的观点：幼儿的爱遵循“我爱，因为我被爱”的原则；成熟的爱遵循“我被爱，因为我爱”的原则；不成熟的爱认为“我爱你，因为我需要你”；成熟的爱认为“我需要你，因为我爱你”。维尔斯特认为，通过爱，我们可以超越人生。自恋型的爱就像是幼儿的爱，不成熟的爱，因此，要努力加以改正。

生活中最简单的爱的行为便是关心别人，尤其是当别人需要你帮助的时候。当别人生病后及时送上一份问候，病人会真诚地感激你；当别人在经济上有困难时，你力所能及地解囊相助，便自然会得到别人的尊敬。只要你在生活中多一份对他人的爱心，你的自恋症便会自然减轻。

在最新的研究中，人们多采用自体和客体精神分析去研究和治疗自恋型人格障碍。而由于自恋型人格多形成于成年的早期，在临床

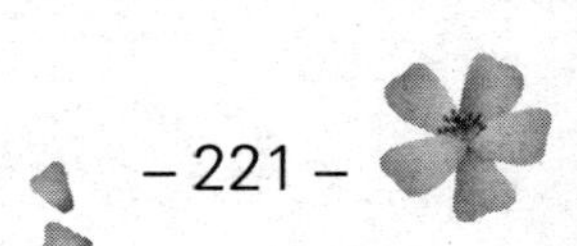

上，符合下列五条自恋型人格的判断标准，就可诊断为自恋型人格。

（1）对自身有无所不能的感觉。他们做了一点成绩后，总认为自己就是最优秀的。

（2）他们沉迷在无穷的成功、权力、才气、美丽的爱情幻想中。

（3）他们相信自己是独一无二的，他们认为自己有高贵的血统，他们认为自己的这些独一无二的“能力”只有少部分高地位的人才能理解。

（4）对赞美成瘾，听不进反面的话。

（5）有特权者的感觉。他们无缘无故地期待着他人对自己应该有特殊的照顾。他们不顾他人的利益，只顾“只要我快乐”，是人际关系的冒险者。他们认为“任何人都得围着我转”，在人群里稍有一些“冷落”就会敌视他人。

（6）缺乏共情的能力。这似乎是所有自恋型人格障碍者的共性。他们看起来有些时候挺理解人，但他们无法做到真正意义上平等的互动关系。他们可能嘴上最多的是平等，但实际的表现就是“对别人是马克思主义的要求，对自己是自由主义”。

（7）常常嫉妒他人和相信他人嫉妒自己。

（8）表现一种高傲自大的行为或态度。

从上述分析可以看出，我们对自恋型人格的性格评价则需要理智对待，毕竟他们是完全生活在“自己”里的人，他们无法真正理解身边人，他们眼里的任何事物都与“自己紧紧地联系在一起”。外在的一切都与自己有关系。

（1）潜意识里将外在的客体当作一个从属于自己的个体，当作自己身份的一部分。这种人际关系表现为严重的自我界限混乱或没有自我界限。

（2）无所不能。他们把很多事情过分理想化，并自认为无所不能。

（3）对赞美的无限需求就是通过他人的赞美来证实自己是无所不能的。

（4）共情缺乏。这是一种丧失了与他人“同甘共苦”的现象。他们即便理解一些人，这种理解和体验他人是将他人当作自己或自己的一部分。总之，他们永远离不开自己“想问题或体验问题”。他们对他人的赞美其实就是通过客体当作自己来满足自己的自恋。

自恋型人格障碍患者情绪变得“忽冷忽热”。身边人不太好理解他们的热从何来、他们的冷又是从何来。这些都是他们与外在事物没有界限的表现，自恋型人格障碍者对一切事物漠不关心，除了自己。所以，他们敌视外界，但他们的自我认可又总想从外界得到认可。所以，他们的行动很有破坏性作用。

◎ 被动攻击型人格

被动攻击型人格障碍，也叫被动攻击型人格或简称被动攻击，是人格障碍类型之一，是一种以被动方式表现其强烈攻击倾向的人格障碍。

被动攻击型人格是一种边缘的病态人格，普遍特征是消极抵抗。患者患病的主要特征为：性格固执，内心充满愤怒和不满，但又不直接将负面情绪表现出来，而是表面服从，暗地敷衍、拖延，不予以合作，常私下抱怨，却又相当依赖权威。在强烈的依从和敌意冲突中，难以取得平衡。

1994年，美国《精神障碍诊断与统计手册》（DSM）将此类型列为应进一步研究的障碍。

一个人是否具有被动攻击人格并不是马上能看出来，常常是在相处一定时间之后，人们才能从积累的看似合作实质冒犯的行为中发现这种人格特征。而具有这种人格的人常常意识不到自己对他人的冒犯，对他人的反感和不理解。他们不了解自己怎么挑起别人的负面回应，常感觉被误解，会不自觉地更加强这种人格。

下面一些特征可以帮助判断是否具有被动攻击型人格：对提问总是回答含糊不清；推托忘记而拒绝承担责任；出了问题先往别人身上推；丢三落四；很少公开表露愤怒和敌意；害怕被控制；害怕竞争；不喜欢合作及亲密的关系；办事无效率，杂乱无章；找借口，撒谎；

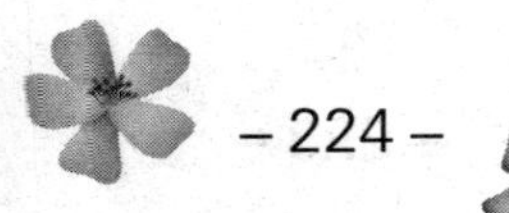

故意拖延，捣乱；爱埋怨人，发牢骚，唱反调；听不进别人的建议；给脸色；偏执，或轻度妄想症，认为别人都反对自己；挑剔别人的缺点和错误，用以掩盖他们自己的缺点；喜揭人的短；是诘问的高手，用问题回答问题，引发愤怒情绪。

如果符合以上多数症状，那么基本可以断定此人为被动攻击型人格。当然，一个被动攻击人格的人不一定有上述所有特征，也可能有其他类型的人格特征。

被动攻击型人格的危害不同于其他病患，受害的是自己。被动攻击型人格的人更多的是使与其相处的人受伤害。当然他们自己也会感受到失落、人际关系失败的沮丧。

那么，我们应该如何治疗被动攻击型人格呢？

在治疗方面，我们可能会遇到一些阻力，因为说服患者相信，正是他们自身无意识的情感被被动地表现出来而造成了他人的不快，一定会被他们反对。在治疗实践中，患者常常中断治疗，推托说治疗没有效果。

有说法认为，被动攻击形成于童年的负面刺激（如父母的过分管制，或精神暴力），虽然这些因素有影响，但并不是主要的，被动攻击型人格的形成有多方面的原因。

心理治疗可以使你更清楚了解自己。它帮助你看到你的行为是如何影响到他人，这有助于你改变自己的行为。治疗方法大约有以下几种：（1）群体治疗；（2）行为疗法；（3）认知疗法。

这些疗法运用各种智力技巧，打破不受欢迎的行为模式，帮助你

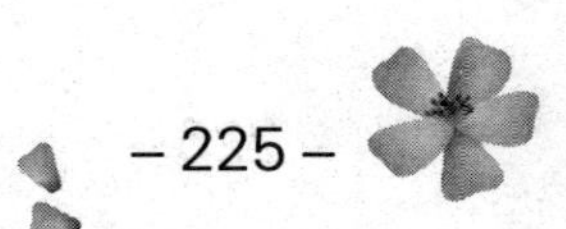

从不同的角度来看待自己的习惯性思维，从而改变你的思维模式。

治疗这种疾病没有药物，但如果伴随焦虑或忧郁的问题，可以针对焦虑或忧郁进行治疗。所以，通常采用的就是自助治疗，其方法主要包括：弄清你的问题的实质；参加或自学提高自信的训练课程，自信的训练可以帮助你以正确的方式表达你的感情；作壁上观，尝试以第三方的角度看自己；把你的需要、愿望和感受直白地告诉他人，而不是梦想他们自然会知道；作出某种行动前，先分析自己的行动是否有助于解决问题，而不是为了刺激与问题有关的人；工作中要为自己庆祝每个小小的成功，而不是用失败来扫他人的兴。

你也许需要一些时间来学会并熟练运用这些方法，一定时间以后你就会发现你的态度正在一点点改变。

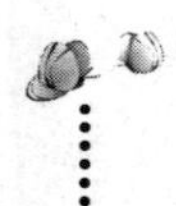

那么，如何应对被动攻击型人格的人？

1.与之保持距离

避免让自己和这种人搅和在一起，特别是争权夺利、争风吃醋的事。你不但不会赢，还惹得一身骚。

2.不要让被动攻击者看到你的弱点

一旦攻击行为引起你的负面反应，这对攻击者是一种胜利，只会更加强他们的攻击行为。换句话说，如果他们的行为成功地使你感受到不愉快，它就可能再次发生。所以，如果可以的话，你尽量不要理会。

3.与被动攻击者直接沟通

当被动攻击行为发生时，要对当事人直接提出其行为的实际后

果，而要避免谈及他个人的动机。比如，不要说："我想你故意想让我难堪！"反之，谈他的行为，以及造成了一个什么样的后果。比如说，你可以先说："我们现在正在讨论问题，你提出的讽刺，中断了我们的谈话，我不明白你想问什么，要是你能直接讲一下您的想法和感受，会帮助我了解，以便回答你的问题，也许可以使我们把事情做得更好。"有些时候，要把问题挑明，进而讨论解决的办法。

此外，还应该主动征求他们的意见和想法，使情况向更好的方向转化。有时候，当问题变成公开和明朗化，就消除了不必要的隐蔽和间接的冲突。当他们否认某个问题时，他们说的和做的不会一致，坦诚地请求他们说出实情。比如，你可以说："约翰，你说你没有生气，不过每次说到这个话题时，你都脸红而且语调变得愤怒，能不能告诉我是什么原因？"

总之，与被动攻击型人格的人相处，很容易使自己陷入情绪的怪圈。关键是要使自己清醒，明白事情的原因，从而对症下药。要使攻击者认识到你的行为界限，按照公开、直接的方法行事，不给他们造成攻击你的机会，这样你才能明哲保身，从容自如。